高校网络思想政治教育创新研究

谢书楠　罗海蓉○著

西南财经大学出版社
Southwestern University of Finance & Economics Press
中国·成都

图书在版编目(CIP)数据

高校网络思想政治教育创新研究/谢书楠,罗海蓉著.--成都:西南财经大学出版社,2025.7.
ISBN 978-7-5504-5612-9

Ⅰ.①高…　Ⅱ.①谢…②罗…　Ⅲ.①高等学校—思想政治教育—网络教育—研究　Ⅳ.①G641

中国国家版本馆 CIP 数据核字(2022)第 211000 号

高校网络思想政治教育创新研究

GAOXIAO WANGLUO SIXIANG ZHENGZHI JIAOYU CHUANGXIN YANJIU

谢书楠　罗海蓉　著

策划编辑:李晓嵩
责任编辑:李晓嵩
责任校对:王　琳
封面设计:何东琳设计工作室
责任印制:朱曼丽

出版发行	西南财经大学出版社(四川省成都市光华村街 55 号)
网　　址	http://cbs.swufe.edu.cn
电子邮件	bookcj@swufe.edu.cn
邮政编码	610074
电　　话	028-87353785
照　　排	四川胜翔数码印务设计有限公司
印　　刷	四川五洲彩印有限责任公司
成品尺寸	170 mm×240 mm
印　　张	12
字　　数	200 千字
版　　次	2025 年 7 月第 1 版
印　　次	2025 年 7 月第 1 次印刷
书　　号	ISBN 978-7-5504-5612-9
定　　价	98.00 元

序言

伴随着互联网技术的不断发展，高校网络思想政治教育的创新对于肩负培育时代新人使命的高校而言，显得尤为重要。在新时代背景下，如何实现高校网络思想政治教育的创新，已然成为当前高校思想政治教育的重要课题之一。党的十八大以来，党中央高度重视思想政治工作，作出一系列重大决策、重要部署，提出一系列新思想新观点新论断，为新时代高校网络思想政治教育创新指明了方向。本书以马克思主义理论为指导，对高校网络思想政治教育的相关概念和特征进行了梳理，进而对高校网络思想政治教育的内容、方法、载体等方面的创新进行了分析，最后对高校网络思想政治教育的工作机制创新路径进行了探究。

本书旨在通过对高校网络思想政治教育创新的深入研究，为高校思想政治教育工作者提供有益的参考和借鉴，推动高校网络思想政治教育取得更加显著的成效，为培育时代新人做出更大的贡献。在本书的撰写过程中，我们得到了许多专家学者的指导和帮助，同时也参考了大量的文献资料。在此，我们向所有关心和支持本书撰写工作的人表示衷心的感谢！高校网络思想政治教育创新研究是一个具有动态性和时代性的命题。由于作者学识和精力所限，本书难免存在一些不足之处，在此恳请广大读者不吝批评指正。我们相信，随着形势的变化和相关研究的深入，关于高校网络思想政治教育创新的相关研究也会更加专业化和科学化，将更好地推动高校网络思想政治教育的创新与发展！

谢书楠　罗海蓉

2024 年 10 月于重庆工商大学

目录

第一章　高校网络思想政治教育概述 …………………… 001

第一节　高校网络思想政治教育的发展历程 …………………… 001

第二节　高校网络思想政治教育的含义、特征与功能 …………………… 006

第三节　高校网络思想政治教育的理论基础 …………………… 017

第四节　高校网络思想政治教育的机遇与挑战 …………………… 020

第二章　高校网络思想政治教育主体与客体 …………………… 027

第一节　高校网络思想政治教育主体与客体的基本内涵 …………………… 027

第二节　高校网络思想政治教育主体与客体的基本特征 …………………… 036

第三节　高校网络思想政治教育主体与客体的关系维护和开发 …… 048

第三章　高校网络思想政治教育内容研究 …………………… 057

第一节　高校网络思想政治教育内容的优化 …………………… 057

第二节　网络思想政治教育话语变革 …………………… 075

第四章　高校网络思想政治教育方法创新研究 …………………… 087

第一节　高校网络思想政治教育方法的内涵与特征 …………………… 087

第二节　高校网络思想政治教育方法创新面临的机遇与挑战 ……… 090

第三节　高校网络思想政治教育方法创新的依据与原则 …………… 093

第四节　高校网络思想政治教育方法创新的实现途径 …………… 101

第五章　高校网络思想政治教育载体架构研究 …………………… 111
第一节　高校网络思想政治教育载体的内涵、分类与变迁 ………… 111
第二节　高校网络思想政治教育载体拓展的必要性 ………………… 118
第三节　高校网络思想政治教育载体拓展与架构 …………………… 126
第六章　高校网络思想政治教育工作机制建设研究 ………………… 137
第一节　高校网络思想政治教育的管理机制 ………………………… 137
第二节　高校网络思想政治教育的保障机制 ………………………… 145
第七章　高校网络思想政治教育评估体系研究 ……………………… 153
第一节　高校网络思想政治教育评估体系的内涵及研究现状 ……… 154
第二节　高校网络思想政治教育评估体系的整体结构、作用、
构建原则和依据 …………………………………………………… 157
第三节　高校网络思想政治教育评估指标体系构建 ………………… 167
参考文献 ………………………………………………………………… 179
后记 ……………………………………………………………………… 183

第一章 高校网络思想政治教育概述

随着互联网技术的不断发展，网络覆盖了社会的每一个角落，人们的生活、学习等各方面都逐渐驶入了“信息高速公路”，高校思想政治教育也不例外。在新时代，高校网络思想政治教育是高校落实立德树人根本任务的必要途径。提升高校网络思想政治教育的实效性，是广大思想政治教育者的时代之责。探究高校网络思想政治教育，需要梳理高校网络思想政治教育的发展过程，厘清高校网络思想政治教育的内涵及理论基础，明确高校网络思想政治教育的机遇和挑战，从而为高校网络思想政治教育提供指导方向。

第一节　高校网络思想政治教育的发展历程

高校网络思想政治教育会随着互联网技术的变革而不断发展。多年来，我国高校网络思想政治教育主要经历了四个发展阶段。

一、高校网络思想政治教育的早期探索阶段（1994—1998 年）

我国于 1994 年 4 月正式获准接入互联网。伴随着互联网的建设与不断发展，网络思想政治教育也应运而生。1997 年，第一次《中国互联网络发展状况统计报告》显示，学生群体上网所占比例为 13.2%。高校学生对网络的使用走在社会前列，可以说当代大学生是与互联网同步发展和成长的网络“原住民”。他们在享受网络带来便利的同时，也容易受到网络上出现的腐朽观念、错误思潮、网络犯罪等信息的冲击，影响着大学生的“三观”塑造。在这个阶段，互联网的软件和硬件建设快速发展，信息呈现海量化，传播实现高速化。但与之对应的教育软环境还未形成，高校思想政治教育几乎还未涉及网络空间领域，并且面临着网络信息鱼龙混杂且良莠不齐、网络环境变化多端等互联网技术革命带来的新挑战。基于此，思想政治教育者开始对网络信息技术带来的负面影响予以关注。

面对网络的冲击与挑战，高校开启了对网络思想政治教育的探索。从网络建设来看，高校积极推进校园网等网络基础设施建设。在这一时期，我国网络基础设施尚处于初步建设阶段。1994 年 5 月，中国国家计算机网络（The National Computing and Networking Facility of China，NCFC）与国际互联网（Internet）联通，构建起与世界交流的信息网络。同年 10 月，中国教育和科研计算机网（CERNET）建设全面启动，诸多高校建立了一批以宿舍楼为单位的局域网和门户网站，推动了我国高校校园网的建设和应用，为高校网络思想政治教育工作的开展奠定了物质基础。从教育载体来看，电子邮箱、电子公告板系统（BBS）站点和红色网站成为高校思想政治教育的主阵地。一是运用电子邮件的教育功能。在互联网建设初期，电子邮箱是重要的沟通工具，收发电子邮件成为当时上网的主要目的之一，在网络服务占比中屡次位居第一。随着大学生电子邮件的使用率逐渐提高，许多高校开设“校长信箱”和“辅导员信箱”，加强与学生的互动交流，以此挖掘网络通信软件的教育功能。以电子邮件为沟通渠道是当时大学生乐于接受的交流方式，既顺应了发展潮流，又提高了思想交流的时效性。二是基于校园网建设大批 BBS 站点。BBS 在网络（web）1.0 时代是主要的信息发布平台，具有信息量大、信息更新速度快、交互性强的特点，在大学生群体中具有巨大的舆论导向作用。高校以校园网为依托，建设本校的 BBS 站点，汇集来自不同地方、不同人群的各种思想和信息，可以供大学生共同参与学习、生活、娱乐等议题的谈论。例如，清华大学的水木清华、上海交通大学的饮水思源等，在大学生群体中产生了较大的舆论效应，成为反映大学生思想动态的“晴雨表”和高校的思想文化阵地。三是创办红色网站。高校建立以思想政治教育为主题的专题网站，将思想政治教育内容上传至网上，使大学生对学习内容和学习时间的选择更加自由化，适应网络思想政治教育的新要求。清华大学汽车工程系党课学习小组建立的班级共产主义理论学习主页“红色网站”是专题网站建设的典型代表。网络思想政治教育新空间的开辟，为高校有效开展网络思想政治教育提供了重要载体。从管理方法来看，当时我国思想政治教育工作的网络空间话语权较弱，对网络主要采取“防、堵、管”的管理方式。在这一阶段，大学生开始积极投入互联网浪潮，而国家及高校关于网络思想政治教育管理制度方面的文件较少，此时面对互联网对传统思想政治教育工作的解构，高校思想政治教育工作者还处于被动应对状态。高校主要以“防、堵、管”的管理方法为工作导向，一是建立相关网络法律法规，加强对学生网络行为的管理，通过制定校园 BBS 管理办法、用户实名注册管理办法等规范网络管理；二是加强对网络信息的审核与管控，对不良信息采取删除等封堵性措施，同时运用“防火墙”等网络技术手段阻止不良信息进校园；三是关闭出现问题的版面和不良站点。这些措施为加强网络思想政治教育阵地建设夯实了基础。

二、高校网络思想政治教育的阵地建设阶段（1999—2004 年）

随着网络技术的迅猛发展，国家更加重视互联网在思想政治教育工作中的作用，高校思想政治教育工作者关注网络的桥梁和媒介作用，越来越肯定网络对高校思想政治教育的实效性意义，倡议主动占领大学生网络阵地。互联网的影响日益加深，高校师生用网人数持续增长，开展网络思想政治教育已成为必然趋势，高校网络思想政治教育由被动应对转变为主动建设阶段，网络思想政治教育意识由自发向自觉转变，思想政治教育融入网络的工作全面启动。

国家层面加强顶层设计。1999 年，中共中央印发《关于加强和改进思想政治工作的若干意见》，明确指出要加强网上信息分析，加大网上宣传力度。2000 年，教育部印发《教育部关于加强高等学校思想政治教育进网络工作的若干意见》，要求高校主动占领网络阵地，以开展思想政治教育工作。2004 年，中共中央、国务院印发的《关于进一步加强和改进大学生思想政治教育的意见》明确提出，“主动占领网络思想政治教育新阵地”“牢牢把握网络思想政治教育主动权。”高校全面加强校园网管理，建设好主题教育网站和网页。此类文件的发布有力地推动了网络思想政治教育的进一步发展。

高校积极落实网络思想政治教育工作。高校重视网络思想政治教育的队伍建设，形成了以高校教师、党政干部、网络技术人员、大学生等组成的网络思想政治教育队伍体系。高校党委专门成立了相关组织机构，加强信息网络建设，创建了以网上答疑、网上党校和团校、“两课”辅导、心理咨询等内容为主题的网站。高校强化学校网站建设，建立以校园网为龙头，以红色网站、主题教育网站和院系特色栏目为基础的网络阵地格局。同时，红色网站的教育内容向更具时代性、吸引力、感染力。高校网络思想政治教育工作者积极运用校园 BBS 站点、电子邮箱、QQ 等网络社交平台和工具加强与学生的信息交互、思想沟通，辅导员通过专题博客、日志等形式引导大学生思想导向。

三、高校网络思想政治教育的逐渐成熟阶段（2005—2012 年）

网络（web）2.0 系统迅速投入使用，新的媒体工具逐渐发展起来，网络思想政治教育渠道进一步开放，更加注重用户间的交互作用。网络交往有了全新体验，使网络思想政治教育的教育方式发生了根本性变化。

国家相关部门陆续出台了《文明上网自律公约》《互联网视听节目服务管理规定》《互联网文化管理暂行规定》等有关网络治理的规章制度，为制定高校网络思想政治教育管理制度奠定了基础，增强了高校网络思想政治教育的权威性和有效性。2007 年，胡锦涛同志发表了《以创新的精神加强网络文化建设和管理》的讲话，为这一阶段的网络思想政治教育的内容建设指明了方向。2010 年 8 月，胡锦涛同志对《沪高校网上社区“易班”成为思政教育新阵地》的报道做出重要批示，对“易班”建设的做法给予了充分肯定。

高校重视网络思想政治教育网站创新、阵地建设、队伍建设以及对网络新媒体、网络互动社区的运用，充分挖掘和发挥各类网站的思想政治教育功能。一是高校建立思想政治教育综合性网站，丰富教育内容和网络活动。高校创新和拓展思想政治教育主题网站和网页，将思想政治教育融入高校的门户网站和新闻网站之中，注重抓好内容建设，增强高校网络思想政治教育工作的吸引力、感染力，巩固网络思想政治教育阵地。二是高校选拔政治理论素养较高、善于运用网络语言的思想政治教育工作者，在各类网站和社交平台上与大学生进行互动和交流，积极引导大学生的思想和行为。同时，高校开始关注网络意见领袖，将网络名人（网络大V）吸引到网络思想政治教育队伍中来，发挥网络舆论引导作用。三是高校积极运用网络新媒体、互动社区等开展思想政治教育工作。高校广泛应用人人网（原名“校内网”）、微博、博客、QQ、易班、社会性网络服务（SNS）互动社区等平台拓展网络思想政治教育的空间，加强高校思想政治教育主客体之间的相互交流，发挥网络育人功能。

四、高校网络思想政治教育的全面深化阶段（2013 年至今）

移动互联网蓬勃发展，各种新媒体如雨后春笋般兴起，新媒体技术与网络思想政治教育深度融合发展，为高校网络思想政治教育创造了新方法、打开了新局面，为将网络思想政治教育渗透到大学生生活的方方面面奠定了基础。

党和国家进一步明确网络思想政治教育与新媒体技术的融合发展方向。2016 年 12 月，习近平总书记在全国高校思想政治工作会议上指出，要通过运用新媒体新技术使思想政治工作“活”起来。2017 年 2 月，中共中央、国务院印发的《关于加强和改进新形势下高校思政工作的意见》明确指出：“要加强互联网思想政治工作载体建设，加强学生互动社区、主题教育网站、专业学术网站和‘两微一端’建设。”2021 年 7 月，中共中央、国务院印发《关于新时代加强和改进思想政治工作的意见》，要求推动思想政治工作传统优势与信息技术深度融合。

高校积极利用移动互联网推动思想政治教育同新媒体技术深度融合发展，构建“大思政”育人格局。一是高校运用“两微一端”（微信、微博与客户端）开展网络思想政治教育，推动微博、微信同思想政治教育融合发展，积极挖掘和发挥微博、微信的矩阵资源优势，通过创建微信公众号推送思想政治教育相关内容，打造学校官方微博，开通教师、辅导员等个人微博，实施网络思想政治教育。移动客户端是大学生获取网络信息的主要渠道，高校推动网络思想政治教育平台向移动客户端拓展，扩大网络思想政治教育的即时覆盖面。二是高校开设抖音、B 站、知乎等第三方平台账号，增强其在第三方平台中的影响力和渗透力。高校采用 H5、动画(Falsh)、微电影等方式呈现教育内容，通过移动网络传播环境在各个社交媒体、自媒体等平台进行传播。三是高校加快网络思想政治教育类平台、传统主流媒体平台同新媒体技术的融合发展。一方面，高校大力推进网络思想政治教育类平台同新媒体技术的融合，打造以“慕课”为主的免费在线学习平台和积极利用易班平台构建网络社区；另一方面，高校推动传统主流媒体平台同新媒体技术的融合，促进主流报纸等传统媒体拥有更多手机媒体。此外，高校应用大数据、人工智能、虚拟仿真、区块链等技术，及时把握、深度量化分析大学生的思想动态，准确高效地进行思想政治教育管理。

第二节　高校网络思想政治教育的含义、特征与功能

一、思想政治教育的含义

“思想政治教育”这一概念的提出经历了一个历史发展过程。思想政治教育概念的最初形态起源于马克思、恩格斯起草的《共产主义者同盟章程》提出的“具有革命毅力和宣传热情”中的“宣传”一词。之后，列宁提出了“政治教育”和“政治教育工作”的概念。自中国共产党成立以来，我国的思想政治教育也经历了从思想工作、政治工作、思想政治工作到思想政治教育的演变过程。

思想政治教育贯穿人类阶级社会的始终，在不同时代和不同国家的差别在于政治方向和教育内容的不同。思想政治教育通过对不同人群进行分析，根据教育环境和不同的活动形式开展思想政治教育，以满足人和社会发展的需要。这种活动能直接反映某个政党、阶级或团体的思想道德观念。

思想政治教育包括思想教育、政治教育、道德教育、心理教育等，其

含义随着时代的发展而不断完善。《中国大百科全书（教育卷）》对思想政治教育的界定是："思想政治教育是教育者按照一定社会或阶级的要求，有目的、有计划、有组织地对受教育者施加系统的影响，把一定的社会思想和道德转化为个体的思想意识和道德品质的教育"①。最初编写的教材大多效仿了这一概念。当前，学术界更加广泛应用张耀灿教授对思想政治教育的定义，即"思想政治教育是指社会或社会群体用一定的道德观念、政治观点、道德规范，对其成员施加有目的、有计划、有组织的影响，使他们形成符合一定社会或一定阶级需要的思想品德的社会实践活动"②。思想政治教育是以人为主体的活动，通过遵循一定的思想政治教育内容进行意识形态教育，实现社会和人的全面发展。在当代中国，思想政治教育就是社会主义意识形态教育。

二、网络思想政治教育的含义

网络思想政治教育是互联网环境下思想政治教育的一种新形态，是传统思想政治教育在网络空间的延伸。随着网络信息技术的不断发展，网络已经从单纯的技术逐渐发展为人们的一种社会生活方式和生活空间，成为思想政治教育的新领域。网络思想政治教育是网络信息技术同传统思想政治教育的有机结合，是在互联网时代的大背景下，以互联网为载体，以网络信息技术为手段，将思想观念、政治观点、道德规范等内容传递给受教育者的一种社会实践活动。

"网络思想政治教育"这一概念是刘梅在2000年发表的《思想政治教育的现代方式：论网络思想政治教育建设》中最早提出的。她认为，网络思想政治教育，是根据传播学原理和思想宣传的理论，利用计算机网络所进行思想政治教育③。这是国内首次提出并明确"网络思想政治教育"的

① 中国大百科全书总编辑委员会《教育》编辑委员会，中国大百科全书出版社编辑部．中国大百科全书（教育卷）［M］．北京：中国大百科全书出版社，1985：59.

② 张耀灿，陈万柏．思想政治教育学原理［M］．北京：高等教育出版社，2000：4.

③ 刘梅．思想政治教育的现代方式：论网络思想政治教育建设［J］．河南师范大学学报（哲学社会科学版），2000（2）：103-106.

概念，将网络作为思想政治教育的手段和方式，从网络技术层面对网络思想政治教育进行的定义，具有里程碑式的意义。此后，许多学者沿用这一定义并不断进行深入探索。2003 年，韦吉锋从网络的本质出发对网络思想政治教育进行界定。他在《对网络思想政治教育界定的立体考察》中指出，网络思想政治教育是指抓住网络本质、针对网络影响，利用网络有目的、有计划、有组织地对网民施加思想观念、政治观点、道德规范和信息素养教育方面的影响，使他们形成符合一定社会发展所需要的思想政治品德和信息素养的网上双向互动的虚拟实践活动①。随着互联网技术的不断发展和网络生活的日益丰富，网络思想政治教育凸显出重要的文化价值和社会价值。网络思想政治教育根据时代特征，融合发展线上线下思想政治教育，实现网络社会和现实社会有机结合，形成一定社会或阶级所需的思想道德的社会实践活动。网络思想政治教育凭借互联网的优势打破了传统思想政治教育模式，与时代发展保持同步，使思想政治教育更具时代性和指向性。

三、高校网络思想政治教育的含义

高校网络思想政治教育作为网络思想政治教育的组成部分之一，以高校为主阵地，以大学生为教育对象，以思想政治教育理论和新媒体理论为依据，充分利用计算机网络、新媒体技术、现代传播技术等手段有目的、有计划地影响大学生的思想观念、政治观点、道德规范，并结合当代大学生的学习生活需要、认知特点、思维模式而形成的具有网络时代优势的思想政治教育方式。高校网络思想政治教育充分利用和融合不同的网络思想政治教育资源，通过网络平台和移动终端有目的、有计划地制作、传播和控制丰富且正面的网络信息，引导大学生形成正确的思想观念、道德观点、信息素养，掌握大学生思想政治观点等方面的状况，提升他们的思想政治道德素质，促进大学生全面发展，成为当代社会需要的人才。

---

① 韦吉锋. 对网络思想政治教育界定的立体考察［J］. 扬州大学学报，2003（1）：62-67.

四、高校网络思想政治教育的特征

一是教育主客体间的互动性。高校实施思想政治教育的主体是思想政治理论课教师、辅导员等，客体是高校学生。在传统的思想政治教育中，思想政治教育表现出的教育方式更多是以单向传播为主，教育主体一般采取课堂教学、专题讲座等形式开展思想政治教育，不能实现与受教育者及时沟通，无法及时了解、掌握受教育者的思想动态。互联网具有极强的交互性，高校以网络为中介进行思想政治教育，教师、辅导员等与学生在线沟通，能够及时掌握学生比较真实的想法，互相表达自己的思想观点，促使思想政治教育由单向灌输向双向互动转变。此外，在网络思想政治教育中，大学生在网络上独立表达自己的观点和想法。此时，大学生为网络思想政治教育中的主体。当大学生通过网络接受他人的思想观念时，即为网络思想政治教育中的客体。在网络环境中，教师和学生处于平等地位。在双方在互动过程中，既可以是教育主体，也可以是教育客体。在高校网络思想政治教育过程中，教育主客体之间进行思想、情感交互的同时，所扮演的角色也在发生转变和更迭。

二是教育资源的共享性。互联网覆盖面广，信息资源丰富，囊括了全国甚至全世界的教育资源，为教育资源提供了存储和传播的网络空间。网络平台具有开放性，用户获取各种信息不受时间和空间的限制，为高校思想政治教育资源共享化提供了技术支撑。高校师生通过各种网站、论坛和客户端就能获取来自不同地区、不同高校的教育资源，共享名师课堂、教育活动等教育资源，随时了解或分享来自世界各地的研究动态、研究成果，提升了高校对网络信息、教育资源利用的深度和广度。同时，教育资源的共享性也离不开教育资源的开放性。在网络信息技术的影响下，开放的教育资源可以不受限制地供所有人使用，教育内容的受众群体逐渐扩展，由单一群体向公众扩散。思想政治教育资源数据库、学习通、慕课、超星等平台供所有高校的教育者和受教育者共同使用，是高校网络思想政治教育资源共享化的重要体现。高校网络思想政治教育能够提供实时的动态信息以及全面且深入的数据库，扩展信息来源，丰富教育资源，实现资源共享。

三是教育环境的虚拟性。高校网络思想政治教育所处的网络空间是一个完全虚拟的空间，是基于互联网技术基础上的新的空间形态。人们利用互联网技术开启了全新的生活空间，进行虚拟的社会交往实践活动，从而开拓了思想政治教育的全新场域。高校网络思想政治教育主体以互联网信息技术为依托，在虚拟环境中以“人—机—人”的方式对教育客体实施思想政治教育活动，将思想政治教育的相关内容迁移至网络中，再通过网络信息技术让原有内容以新的表现形式呈现出来。教育环境中的教育者与受教育者也表现出虚拟性的特征，网络的虚拟打破了身份、背景、财富等方面的限制，掩盖了真实身份，脱离了现实生活环境的束缚，任何人都能自由发表言论。

四是教育方式的多样性。互联网技术的发展拓展了高校网络思想政治教育的方式方法，微博、微信、网站、自媒体平台等广泛应用于高校网络思想政治教育，通过互联网终端随时随地实施教育活动。随着网络技术的发展，电子演示文稿（PPT）、视频等多种多样的多媒体形式在教育过程中感染教育对象。高校迎合大学生用网习惯和网络发展趋势，运用 QQ、微信、微博等即时通信工具传播教育信息，建立微信公众号推送教育信息，加强与大学生的互动交流。网络课堂是新兴的教育模式，各高校积极将其推行到思想政治教育学科当中，推出以慕课、微课堂、翻转课堂等为主的网络课程，在一定程度上发挥了学生学习的积极性、主动性，对培养良好的思想道德和政治素养起到了引导作用。高校网络思想政治教育方式不断与现代网络技术相融合，为高校思想政治教育提供了丰富的载体，拓宽了思想政治教育的途径。

五是教育内容的生动性。互联网信息传播不受时空约束，使得思想政治教育内容更新速度快，同时互联网中蕴含着丰富的信息种类，因而思想政治教育内容更加丰富多样。思想政治教育理论课是每个大学生的必修课，该学科的理论性、科学性较强，内容深奥、抽象、枯燥。同时，传统的思想政治教育内容主要是以教材上的大量文字信息为主，难以吸引学生的注意力。网络思想政治教育内容通过生动的网络语言、丰富的表现方式进行传播，并且将教育内容与生活相融合，实现教育内容的生动化、日常化，使得大学生能在潜移默化中接受思想政治教育。一方面，高校的网络思想政治教育内容通过生动的短视频、音频、图片等形式呈现，符合大学生的审美特征和利用碎片化学习时间的需求，增强网络思想政治教育的感染力。根据网络的传播和更新速度快的特点，高校的网络思想政治教育将教育内容蕴含于实时发生的社会热点、舆论事件中加以正确引导，在教育信息生活化、形象化的情景下提升教育内容的影响力。另一方面，高校的网络思想政治教育注重教育内容的话语表达，充分运用网络语言，聚焦大学生易于接受的语言表达方式，保证网络思想政治教育内容的有效供给。当代大学生的生活和学习离不开对网络的应用，基于网络技术的教育形式多种多样，为更加生动、形象地传播思想政治教育内容提供了更多选择。

五、高校网络思想政治教育的功能

高校网络思想政治教育的功能是高校网络思想政治教育本质的外显。高校借助网络平台传递教育信息，能够对大学生的思想政治素养和科学文化水平产生积极影响与引导作用。高校网络思想政治教育的功能分为一般功能和特殊功能。

（一）高校网络思想政治教育的一般功能

1. 导向功能

导向功能是高校网络思想政治教育的基本功能和首要功能，是高校网络思想政治教育的鲜明特点、本质体现。面对互联网技术的快速发展和社会形势的风云变幻，大学生的思想容易受到纷繁复杂的网络信息、错误思潮的冲击，高校需要严格把控网络意识形态，引领大学生形成正确的三观。基于此情况，高校借助互联网技术发挥高校网络思想政治教育的导向功能，有效引导大学生树立正确思想观念，明确主流价值导向，适应大学生发展和社会发展的需要。

高校网络思想政治教育的导向功能主要体现在理想信念、价值观点、奋斗目标等方面的指导上。高校将思想政治教育与互联网技术高度融合，开展新时代马克思主义理论、爱国主义等教育，引导大学生坚定理想信念，规范行为习惯，明确奋斗目标，做深做实思想政治教育的导向工作。首先，高校网络思想政治教育利用网络媒介引导大学生正确认识主流思想。高校网络思想政治教育根据网络传播不受时空限制以及传播过程中信息碎片化、信息蚕房、信息爆炸、舆论场等特点，以大学生喜闻乐见的网络宣传形式和网络交流形式将马克思主义理论、爱国主义思想、中国特色社会主义共同理想等思想融入高校学生的日常学习和生活当中，有效抵御网络碎片化信息对大学生思想带来的冲击，引导大学生了解国家发展方向，认识自我价值，明确责任担当。其次，高校将思想政治教育与互联网信息技术相结合。高校利用大数据技术聚焦大学生关注的热点问题，抓住大学生的兴奋点，同时整合身边真实事例和全国优秀人物及其先进事迹，将其作为教育素材融入网络思想政治教育，并通过网络宣传让大学生充分了解、学习，使原本抽象的思想政治教育内容具象化，提升高校网络思想政治教育的亲和力，产生情感共鸣，更能激励大学生坚定理想信念、明确奋斗目标，并以现实为导向，以榜样为动力，持续奋斗，实现自身价值。最后，高校积极利用新媒体平台开展思想政治教育。高校通过多种渠道弘扬主旋律、宣传主流价值，提升高校网络思想政治教育的影响力，牢牢掌握网络话语权，引导学生树立正确的“三观”，守好网络意识形态阵地。

2. 育人功能

高校肩负着立德树人根本任务，而大学生是活跃度最高、数量最大的网络参与者，高校网络思想政治教育的育人功能的重要性不言而喻，并随着互联网技术的不断发展而凸显其重要性。大学生是我国重要的人力资源，是推动高质量发展的重要力量，高校利用互联网的优势开展网络思想政治教育，有助于完善大学生的网络人格，培育高素质人才。

高校网络思想政治教育的育人功能不仅体现在精神层面，还体现在行为层面。高校网络思想政治教育在提升大学生思想政治素质的同时，还拓展了大学生的发展方向。一是激发大学生网络实践的潜能。“互联网+”引领时代潮流，高校网络思想政治教育注重调动大学生在网络实践过程中的主观能动性和激发大学生在网络实践中过程中的创新力，促进了心理和智力素质的开发与锻炼。高校开展网络思想政治教育实践活动能使大学生看到互联网发展的无限可能，激发大学生进行网络实践的兴趣，这是激发大学生网络实践创新活力的前提。同时，在互联网快速发展的时代背景下，高校开展网络思想政治教育能塑造大学生的创新观念，拓宽其创新视野，引导大学生将互联网和多专业相结合，激发创新活力，寻找创新点，实现互联网技术同自身所学专业的发展。高校网络思想政治教育影响力不断提升的同时，也使互联网技术与其他事物结合创新的可能性不断提高。新媒体技术与高校网络思想政治教育的结合是网络实践的成功事例，为大学生进行网络实践创新提供了借鉴，营造了网络实践氛围，增强了大学生投身网络实践的动力。二是引导大学生树立正确的网络道德意识。网络是一把“双刃剑”，它一方面丰富了信息资源，拓宽了大学生的视野；另一方面带来了良莠不齐的信息，冲击了大学生的道德观念。高校网络思想政治教育将网络道德教育融入大学生的学习生活当中，通过课堂网络教育增强大学生对网络的识别能力，树立正确的网络意识观念，加强道德自律，培养良好的网络道德意识。此外，开展网络爱国主义教育等活动积极构建向上的校园网络文化，营造健康的网络道德教育氛围，对大学生健康上网起到警示作用的同时，提升了大学生的网络道德修养。三是规范大学生的网络行为。网络是当代大学生生活和学习的必需工具，规范大学生上网行为是当前高校思想政治教育的重要工作和任务之一。高校通过超星、慕课等线上学习平台向学生普及规范上网等相关知识，普及、丰富大学生对上网行为规范的认知，结合互联网新媒体特性开展网络自律规范教育，并利用大数据技术对大学生网络不法行为开展预警工作，及时引导和规范大学生网络行为。四是培养大学生甄别网络信息的能力。网络信息鱼龙混杂，高校思想政治教育工作者深刻认识到并高度重视网络碎片化信息对大学生带来的负面影响，通过学习网络媒介体系知识，加强大学生媒介素养教育，参与辨别网络信息的实践活动，从而培养大学生辨别网络信息的真伪和判断其价值的能力，利用媒介发展和完善自我，促进大学生在网络时代实现全面发展。

3. 凝聚功能

高校网络思想政治教育的凝聚功能使高校群体成员在思想和行动上具有共同倾向性，大学生应在思想、行为、目标等方面与国家的发展方向保持一致。凝聚功能主要针对网络生活中大学生的思想和行为的规范，使高校网络思想政治教育服务于社会发展。

高校通过网络发布正面积极的信息，使大学生群体对学校、社会乃至国家产生认同感和归属感，形成强大的向心力和凝聚力。高校网络思想政治教育的凝聚功能主要体现在以下三个方面：一是促使大学生群体达成政治信仰共识。高校在整合社会发展目标和大学生群体发展目标的基础上，通过网络技术手段对教育信息进行传播、控制，把握和引导网络舆论方向，使大学生在政治原则和政治方向上契合时代发展的主旋律，消除不良思想对大学生政治观念的冲击，稳固社会主流意识形态的稳定性。二是促进思想目标相一致。高校网络思想政治教育以网络平台为载体，将思想道德教育、红色文化教育等融入其中，继承和弘扬优秀社会主义道德，遵守社会公德和网络道德，引导大学生在现实生活和网络生活中秉持正确的思想动机和方法，抵制错误思潮，维护社会公共秩序。三是引导行为目标相统一。行为准则的统一需以正确的政治目标为指导，以共同的思想目标为动力，明确大学生的行为规范，防止发生偏执行为和越轨行为。大学生在网络环境中非常活跃但思想和行为又不够成熟，高校思想政治教育工作者应充分挖掘各种正面积极的思想政治教育资源，发挥优秀人物及其事迹的模范和引领作用。网络思想政治教育应发挥宣传导向作用，强化价值引领，凝聚青春力量，激发青春斗志，激励大学生勇担时代大任，自觉将个人命运同祖国命运相连，投身社会主义现代化建设和中华民族伟大复兴的事业当中。

（二）高校网络思想政治教育的特殊功能

1. 沟通互动功能

随着网络信息技术的发展及网络基础设施的全面建成，网络已成为当前人际交流沟通的重要工具之一。网络具有开放性、传递性、交换性、共享性等特点，整合了私人空间和公共空间，使沟通的深度和广度得到进一步拓展。网络具有的多媒体特性隐含了交流互动功能。交互式的网络传播在综合对话式的传统人际传播和独自式的传统大众传播的一系列优势的基础上，创新了沟通方式方法。

网络为高校思想政治教育开展沟通互动提供了技术支持和平台支撑。目前，各种即时沟通软件、网络社区、网络课堂等是网络沟通交互的常用平台和工具，为高校网络思想政治教育的信息传播提供了全新的教育手段和渠道。高校网络思想政治教育的沟通功能表现为思想政治教育信息的传播和通信，是以网络媒介将教育信息远程传送给受教育者的一个过程，促成高校思想政治教育由“单向式”向“交互式”的转变，实现教育信息的双向流通。此外，思想政治教育本身具有情感传播的特殊性。在传播过程中，教育的主客体可以进行思想情感的交流融合，借助网络所具有的交互性，彰显出网络思想政治教育的情感交互功能。高校网络思想政治教育通过教育信息的交流、传递、反馈，实现有序的信息流转，促进教育主客体可以随时进行双向交流、情感互动。

2. 覆盖渗透功能

网络作为承载和传播信息的重要载体，可以将某一信息迅速传播至世界各地，覆盖范围呈现出“无限性”的特点，也正由于网络信息传播面向全球，身处“地球村”的村民随时都能接收到来自各地的信息资源，无法规避网络对生活带来的直接或间接影响。网络媒体的影响力因网络空间拓展能力的强化而不断提升。

高校网络思想政治教育基于网络本身具有覆盖面广、影响力大的功能，从而表现出覆盖渗透功能，主要是通过网络的开放性将思想政治教育内容传递至大学生身边，并使之受到感化和影响。高校网络思想政治教育的教育内容依托网络覆盖、渗透到大学生网络生活的方方面面。一方面，思想政治教育内容覆盖到网络空间的各个角落，教育主客体可以利用网络获取到丰富的思想政治教育信息和资源；另一方面，教育信息的覆盖密度不断增大，覆盖广度持续拓宽，网络信息中所承载的思想政治教育内容比重不断加大，并深入大学生学习、生活的各个层面，对网络思想政治教育主客体的思想观念产生了更好的渗透效果。高校思想政治教育借助网络发展而突破了时空局限，影响力明显增强。传统的高校思想政治教育主要以课堂教学、讲座报告等一对多的形式开展，或者是一对一式的针对性教育，又或者是采用印材料等形式进行传播，这些方式都无法摆脱时间和空间的限制，覆盖面难以扩大。随着网络的发展，高校利用网络信息技术将思想政治教育信息网络化、数字化，通过网络平台拓宽教育内容的宣传和推广渠道，并充分发挥网络强大的覆盖功能，进一步拓展高校网络思想政治教育的覆盖面。思想政治教育通过网络呈现出辐射范围之广、影响程度之深的态势前所未有。高校将思想政治教育与网络相结合，通过学校的官方网站、微信公众号及其他社交平台承载思想、价值、知识等信息，以大学生喜闻乐见的形式使之渗透进大学生的思想意识中，不断增强网络思想政治教育的影响力、吸引力，促进大学生将思想政治教育内容内化于心、外化于行。

3. 预测预防功能

预测是通过对过去事物进行调查和分析，总结内在发展规律和未来发展趋势，对未来事物的发展方向做出合理的判断和推测。预防以预测为基础，对未来可能发生的思想问题提前准备应对措施。网络的开放性和交互性，为大学生即时表达自己的思想观点提供了便利条件，有利于思想政治教育工作者及时获取有关大学生思想变化的有价值的、真实的信息。

高校网络思想政治教育具有预测功能。一是高校通过网络信息技术监测受教育者的网络思想和行为，并利用大数据技术集成、分析他们关注的热点问题以及网络思想动态和身心健康等情况，从而掌握思想情绪变化规律。二是高校网络思想政治教育工作者具有深厚的理论基础，掌握马克思主义理论知识和相关学科知识，能够运用辩证法观察和分析问题，透过现象看到思想变化的本质。三是高校网络思想政治教育工作者的思想政治教育经验和对其进行有效预测的经验较丰富，对受教育者所处的客观环境和思想状况有深刻的认识，了解思想变化发展的趋势。教育者具有敏锐的信息察觉意识，能够在纷繁复杂的网络动态中找出主要问题，推断即将可能发生的状况。此外，人文社会科学本身具有预见社会的功能，而网络思想政治教育作为其分支，是借助现代信息传播技术进行思想政治教育的一门科学，同样具有预见社会的功能，可以预测人们的思想状况变化。高校网络思想政治教育的预防功能主要体现为教育者基于预测结果进行及时干预和主动调适，提前做好思想政治教育工作。网络为高校思想政治教育工作者提供了预警装置。受教育者在网络上表达的意见都可成为网络思想政治教育者实施教育活动的有效信号，引起教育者的关注和重视。教育者会对初步表现出来的思想问题进行干预和疏导，从而以防患于未然。

第三节 高校网络思想政治教育的理论基础

一、思想政治教育理论

思想政治工作是一切工作的生命线，而思想政治教育是思想政治工作的中心环节。毛泽东同志在中国革命与建设时期广泛开展思想政治工作，大力宣传马列主义，提出了思想政治教育任务，制定了一系列思想政治教育方针和方法。邓小平同志明确指出，思想政治教育是中国共产党的优势，需在不断加强思想政治教育工作中改善党的领导；坚持将马克思主义基本原理作为思想政治教育的重点教育内容，引导人民群众坚持共同的社会主义理想信念，发挥思想政治教育对人民群众世界观、人生观、价值观的引领作用。江泽民同志认为，思想政治教育工作作为中国共产党的政治优势，对党和国家的事业发展起着重要作用；坚持以“三个代表”重要思想作为思想政治教育的主要内容；秉持依法治国和以德治国相结合，统筹政治建设与思想建设；重视文化与思想政治教育相融合，发展符合人民利益的精神文化产品，满足人民的精神文化需求，促进社会进步。胡锦涛同志从科学发展观出发，将社会主义核心价值观教育为思想政治教育内容，重点聚焦中国革命史，使思想政治教育服务于社会主义和谐社会的建设。党的十八大以来，习近平总书记高度重视思想政治教育，提出了顺应新时代发展要求的新思想、新论断，为思想政治教育提供了基本遵循，推动思想政治教育发生了全局性、根本性转变。我们以马克思主义中国化最新理论成果——习近平新时代中国特色社会主义思想引领思想政治教育，不断拓展思想政治教育领域，增强思想政治教育力量，明确高校思想政治工作规划，更加突显了思想政治教育在治党治国中的作用。网络思想政治教育是思想政治教育的新形态，高校网络思想政治教育亦是思想政治教育的一个分支，在本质上仍从属于现代思想政治教育体系，离不开党和国家思想政治教育理论的指导。马列主义和毛泽东思想、中国特色社会主义理论体系给予了高校网络思想政治教育正确指引。

二、人的全面发展理论

网络思想政治教育作为思想政治教育的分支学科，其本质属于马克思主义理论学科。在网络影响力增强的情况下，马克思主义关于人的全面发展理论对网络思想政治教育有着重要的理论意义，是高校网络思想政治教育的理论基础。“人的全面发展就是成为一个完整的人，必须要掌握其全面的本质。”① 马克思的人的全面发展理论包含三个方面的内容：人的社会关系发展、人的能力发展、人的主体性发展。依据人的全面发展从范围上看，表现为全体社会成员的全面发展；从范畴上看，表现为每个人体力、智力、素质、才能等各方面的发展。促进人的全面发展是思想政治教育的根本目的。高校网络思想政治教育的教育对象主要是大学生，其出发点和落脚点在于实现大学生的全面发展和健康成长，引导大学生树立正确的世界观、人生观、价值观。高校网络思想政治教育目标与人的全面发展理论不谋而合，以人的全面发展理论为指导开展高校网络思想政治教育，锻造大学生成为社会主义事业的建设者和接班人。第一，人不能脱离社会而生存和发展。人的本质是一切社会关系的总和。网络社会成为新的生活空间，因其开放性和虚拟性使社会关系变得更为丰富而复杂，影响人的全面发展的外部环境随之改变。高校网络思想政治教育通过虚拟实践活动提升大学生的社会化水平，营造良好的网络人际交往环境，建立健康的网络社会关系，为个人的全面发展奠定基础。第二，全面提升个人能力。任何人的职责、使命、任务，就是全面地发展自己的一切能力。体力和智力充分而自由的发展是实现个人能力全面发展的前提。网络中承载着丰富的资源和内容，为人的发展提供无限可能，并且网络信息技术能针对单独的个人提供个性化服务，满足人的个性化发展需求。高校网络思想政治教育在提升大学生的思想政治素质、科学文化修养、道德法治修养的同时，结合大学生的实际特点和自身发展情况，激发大学生的积极性、主动性和创造性，挖掘大学生的内在潜能，使大学生的个性得到释放。第三，推动人的

① 马克思以，恩格斯. 马克思恩格斯全集：第 42 卷 [M]. 北京：人民出版社，2017：123.

主体性发展。在网络思想政治教育中，师生交流更加平等自由，教育教学方式的变化能充分发挥学生的自主性和自觉性以及教师的“引路人”作用，帮助大学生意识到自身不足，使大学生在自我不断完善中实现全面发展。人的全面发展理论的要求，高校网络思想政治教育应从不同角度关注大学生的发展与需求，进而实现人全面而自由的发展。

三、科学技术与社会发展理论

生产力决定生产关系，生产力的发展与人类社会的发展是辩证统一关系。科学技术是第一生产力，科学技术的进步对生产力的三要素（劳动资料、劳动对象、劳动者）有着重要影响，表现为劳动资料不断改进、劳动对象丰富而广泛、劳动者素质极大提高。科学技术的变革更是提升了社会生产力水平，促使人们不断认识世界、改造世界，促进人的全面发展，改变着人们生存的社会形态。网络信息技术推动了社会方方面面的发展，深刻改变着人们的生产生活方式，社会生活与网络生活完全交融。网络技术的发展，为高校网络思想政治教育带来了丰富且兼具时代性和创新性的信息资源，还提供了多样化的教育载体和教育方式，这为受教育者获取思想政治教育信息提供了更多选择。另外，对于教育者而言，其素质要求和角色定位更加明确。思想政治教育者在具备专业知识和素养后，还需提升网络信息觉察意识、网络教学能力、网络组织能力和管理能力等网络媒体素养。同时，高校网络思想政治教育扩大了教育对象范围，能引导线上和线下的大学生参与高校网络思想政治教育实践活动。互联网的发展是开展高校网络思想政治教育的条件。基于对网络技术的充分运用，网络思想政治教育进行自我建设，从而形成思想政治教育与网络的强大合力。网络思想政治教育不仅可以更好地发挥立德树人、巩固意识形态的作用，还能起到净化网络空间、推动社会和谐发展的效果。

四、以人为本理论

思想政治教育归根到底是教育人的实践活动，是做人的工作，网络思想政治教育亦是如此，离不开“人的本质”问题。在变化多端的网络环境中，思想政治教育通过把握受教育者的思想形成、发展和变化规律，以实施科学、有效的网络思想政治教育活动。高校网络思想政治教育在充分依靠网络信息技术优势的基础上，必须坚持以人为本理念，尊重和关注大学生的成长成才需要，服务于大学生的发展要求，彰显高校网络思想政治教育的人文关怀。在互联网时代，“单向灌输”的思想政治教育模式发生改变，双向互动交流更加突出。在网络空间下，去中心化、扁平化特征明显，更加彰显了网络思想政治教育中教育者与受教育者的主体间性，教育主客体角色相互转换，模糊了传统教学中的从属关系和教育主客体角色界定。教育者和受教育者均作为主体在网络思想政治教育中发挥作用。教育者必须以平等为前提、互动为手段，按照社会要求和学生自身需要实施教育，对学生的思想和行为加以疏通引导；同时，转变教育观念，在网络思想政治教育过程中注重学生主动参与，注意发挥网络时空中虚拟关系、虚拟场景、虚拟实践的作用，通过互动活动实现教育和自我教育。高校网络思想政治教育只有坚持将以人为本的理念，并将其切实应用于教育实践活动之中，才能找到高校网络思想政治教育的正确方向，做好这项工作。

第四节　高校网络思想政治教育的机遇与挑战

一、高校网络思想政治教育的机遇

（一）党和国家对网络思想政治教育有着重要战略部署

思想政治教育是中国的特色课程，党和国家对思想政治教育的重要部署，是做好思想政治教育工作的坚强支撑。从 20 世纪 80 年代起，中央和各地方制定了许多有关思想政治教育的政策和文件，为在全国范围内开展思想政治教育提供了政策支持。

在新媒体和大数据技术不断兴起和蓬勃发展的时代，党中央立足国家发展全局，对思想政治教育的重视程度前所未有。党中央重视新媒体、新技术与思想政治工作的高度融合，为高校网络思想政治教育提供了有利环境。以习近平同志为核心的党中央做出了一系列重要论述和重要部署，将思想政治教育提到国家战略发展的历史高度，强化全党全国对思想政治教育的认识，积极构建思想政治网络教育系统，充分体现了党和国家对网络思想政治教育工作的高度重视。党中央强调建设高素质教师队伍，引导广大教师自觉贯彻党的教育方针，奋力做好思想政治教育工作；着力提升思想政治理论课的质效，创新教育方式方法，增强课程的吸引力，将“三全育人”理念运用于实践之中；落实立德树人根本任务，培养堪当民族复兴大任的时代新人。党中央、国务院对思想政治教育做出重要部署，全社会对思想政治教育予以鼎力支持，践行着为党育人、为国育才的使命，为高校网络思想政治教育的开展提供了重要保障。此外，网络信息技术的影响广泛且深刻，互联网技术背后蕴藏着巨大的发展机遇，“互联网+教育”也呈现出迅速发展的态势。基于网络信息时代的发展趋势，习近平总书记强调网络强国战略的贯彻与实施，重视互联网产业的发展，提出了一系列有关互联网发展和网络空间治理的重要论述。网络强国战略孕育着高校网络思想政治教育发展的新契机，有助于高校思想政治教育工作者建立和拓展网络思想政治教育的新思维，增强开展网络思想政治教育的能力，并且有利于进一步提升大学生在网络思想政治教育中的获得感。

（二）当代大学生的国家认同度不断增强

大学生所具备的制度自信和较强的国家认同感是增强高校思想政治教育实效性的有力支撑。当代大学生充分体会到了经济社会发展带来的红利，是诠释当代中国美好幸福生活的“发言人”和中国特色社会主义制度优越性的“代言人”。

高校网络思想政治教育的繁荣发展恰逢其时。近年来，中国经济发展由高速增长阶段转向高质量发展阶段，中国脱贫攻坚和新型冠状病毒疫情防控取得巨大胜利，并积极倡导和践行人类命运共同体理念，在全球范围内展现出中国有责任、有担当的大国形象，彰显了中国特色社会主义制度的优势，更加坚定了大学生对中国特色社会主义道路、理论、制度和文化的自信。在世界形势纷繁复杂的时代背景下，不同制度的国家表现出的社会现状千差万别。这使得大学生充分认识到西方国家的社会真实情况和制度存在的弊端。中国创造出举世瞩目的“中国奇迹”，不断为世界提供“中国智慧”和“中国方案”。成长于新时代并且处于网络前沿的大学生是体验者和见证人，进而不断增强了大学生对中国道路、理论、制度和文化的自信。大学生群体在18~28岁的网络用户中占据了绝大多数，是坚定的中国特色社会主义拥护者和爱国主义者，表现出强烈的制度自信和国家认同。这既有社会现实土壤提供支撑，又有国际形势加以推动，国内国际形势朝着有利于我国发展的方向变化，提高了思想政治教育的话语权和影响力，有助于高校网络思想政治教育取得显著成效。

（三）移动互联网技术的优势进一步凸显

网络信息时代为各行各业带来了发展机遇，同样也为高校网络思想政治教育提供了全新的发展契机，促使高校网络思想政治教育的载体、方法、内容等不断更新。互联网是思想政治教育传播的转换器和放大器，为思想政治教育提供了新的教育环境。

高校思想政治教育的时空束缚被打破。传统的高校思想政治教育具有“限点供应”和“限时供应”的特点。随着移动互联网技术的迅猛发展和全面普及，高校网络思想政治教育摆脱了时间和空间的束缚，并且改变和创新了授课形式与授课模式，授教与受教无须受制于时空限制。教育者和受教育者通过连通网络的网络终端，可以随时随地获取、发布、共享信息资源，实现零时差、零距离的交流沟通，时时教育和处处教育的新局面得以形成。同时，大学生利用碎片化时间进行网上学习，学习和生活呈现出网络化、移动化的特点。这使得网络思想政治教育有机会延伸到大学生生活的各个方面，增强了网络思想政治教育的渗透力。

高校思想政治教育的内容不断丰富。传统的高校思想政治教育的内容有限且来源单一，并且传统媒介承载的教育信息更新速度慢，思想政治教育内容存在一定的滞后性，无法及时满足教师的教学需要和学生的学习需求。互联网技术和新媒体技术的发展为获取丰富而生动的教育内容提供了极大便利，能够整合来自世界各地的资源、信息、数据，提供全面和充实的教育素材。网络具有兼容性、即时性、共享性等特征。网络中有关思想政治教育的信息浩如烟海，能够在世界范围内迅速流通，并且传播形式新颖，信息更新速度快。网络是高校思想政治教育获取海量且鲜活的教育资源的重要来源，同时也增强了高校网络思想政治教育的吸引力。基于互联网的优势，教育者拓宽了知识面，积累了更丰富的教育资源，积极提升自身网络素养，以大学生喜闻乐见的形式传授教育内容。受教育者可以根据自身需要，在海量资源信息中选择和吸纳相关知识，满足个性化发展需求。网络在为思想政治教育提供多样化教育资源的同时，还实现了教育者和受教育者之间的信息对称，有效打破了沟通壁垒。

高校思想政治教育的手段日益创新。以往的思想政治教育主要以单向灌输的课堂教学为主，辅之以校内的各种文化活动，教育手段较为单一，并且教学成效不佳。随着移动互联网技术日趋成熟，在新媒体时代，高校网络思想政治教育紧跟时代潮流，加强与新媒体的融合势在必行，传统的教育手段和教育渠道日益弱化。移动互联网技术为高校不断创新思想政治教育手段提供了条件。慕课、雨课堂将移动互联网技术与线下课堂相结合，创新了思政课的教学模式，提高了教学效率，为教师教学提供了新方案。随着信息技术的不断进步，利用第五代移动通信（5G）技术远程输送教育资源，使用虚拟现实技术强化实践体验，完成与榜样、现实场景的“面对面”交流，实现课堂育人与实践育人的结合，有机整合了思想政治教育课程体系。“三微一端”成为高校网络思想政治教育必不可少的教育渠道。思想政治教育者使用微信、微博、抖音短视频等新媒体平台推送图文并茂、生动有趣的教育内容，为开展思想政治教育提供了便利的途径。依托大数据技术，高校网络思想政治教育工作者对大学生在各个网络平台上的思想交流进行数据分析，以便及时掌握他们的思想动态。搭建新平台和创新教育手段不仅有利于拓展网络思想政治教育的覆盖面，还有助于提高大学生的学习兴趣，增强高校网络思想政治教育的影响力和时效性。

二、高校网络思想政治教育的挑战

（一）网络内容复杂化、泛娱乐化，削弱了高校思想政治教育的导向作用

网络信息包罗万象且良莠不齐，充斥着各种各样的信息，对大学生的思想观念有着重大影响。网络是意识形态交锋的新阵地，为多元价值观的传播提供了沃土。一些敌对势力、不法分子利用网络渠道传递不良的价值观念及不当言论，各种非主流的价值观充斥着网络空间，对大学生群体进行意识形态的渗透，与我国主流价值观形成矛盾和冲突，扭曲大学生的价值观，干扰大学生正确价值观的形成与确立，完全与思想政治教育目标背道而驰。短视频平台层出不穷，传播内容泛娱乐化、碎片化，致使学生形

成了“快餐式”学习方式，对知识的吸纳缺乏主动思考，更多是流于表面形式，并且短视频平台上所承载的教育信息缺乏价值性和思想性，未展现其育人价值。仍有高校至今尚未开通短视频平台官方账号，或者开通后并未发挥短视频平台的思想政治教育作用，丧失了短视频平台育人阵地的主导地位。同时，大数据根据大学生个人喜好精准推送，持续为大学生推送同类信息和视频，导致大学生网络生活“圈层化”，形成信息交互的屏障，将传递主流价值的信息“拒之门外”，削弱了高校网络思想政治教育的实效性。高校网络思想政治教育信息易被海量的网络信息湮没，网络思想政治教育空间被挤占，削弱了网络思想政治教育的吸引力和号召力。

（二）网络传播主体多元化，弱化了网络思想政治教育工作者的权威性

随着新媒体的快速发展，信息传播方式和发布渠道多样化，每个人都可以在微信、微博等新媒体平台上表达自己的意见和观点，充当网络思想政治教育内容的传播者。大学生与其他传播主体交互的过程也是实现教育和自我教育的过程，彼此相互影响。教育者和受教育者在网络中平等交流互动并共享网络信息和数据，教育者不再是学生获取教育信息的唯一渠道，失去了掌握信息资源和信息发布平台的优势，弱化了其“中心地位”。新媒体由于具有开放性、交互性、超时空性等特点，打破了媒介之间的壁垒，传播信息更加自由，传播主体更加多元化、大众化，进而弱化了高校网络思想政治教育者的主导性和权威性。同时，传播主体的大众化、多元化，加大了对传播信息的审查、监管难度，造成网络信息不可控，舆论失控风险增高，网络思想政治教育者进行舆论引导易处于被动状态。

（三）教育平台建设有待完善，降低了高校网络思想政治教育的实效性

高校进行网络思想政治教育需以平台作为重要抓手。网络思想政治教育平台是实现育人目的的内容生产者和重要载体，因此各个高校都在致力于搭建具有自身特色的网络思想政治教育平台。各个高校虽然在此方面取得了一定成效，但也存在种种问题，平台整体质量和水平有待提高。目前，许多高校都搭建了形式多样的网络思想政治教育平台，平台数量相比以前更多，学生的选择范围更广，但平台数量过多存在着顾此失彼、管理难度和成本增加的问题。平台建设不是对平台的简单叠加或集合，而是要

朝着育人目标实现内容互补，共同前行。当前，网络思想政治教育平台建设存在着内容单调、形式单一等问题，与学生需求不匹配，育人效果不佳。在多平台的情况下，学生的选择性不断增强，对平台的选择更注重内容的质量和吸引力。许多平台上的教育内容同质化明显、重复度过高，缺乏新颖性，吸引力、引领力不强。同时，不少高校直接将抽象的理论或党的方针政策迁移到平台内容建设当中，尚未结合热点、事例进行解读，话语体系缺乏创新。此外，高校网络思想政治教育平台的网络监管机制不健全，缺乏法律的约束和严格的监管机制，网络平台信息具有复杂性、虚拟性且传播速度快，并未经过审查过滤，容易对大学生的思想观念造成冲击。不少高校的网络思想政治教育平台建设流于形式，并未真正起到引领思想政治教育的作用。

（四）教育队伍建设不健全，割裂了高校网络思想政治教育的协同性

高校网络思想政治教育队伍建设是开展高校网络思想政治教育的基本前提和内在驱动力。当前，高校网络思想政治教育队伍中有不少教育工作者网络素养较低，对网络思想政治教育缺乏深度认识，传统教育理念无法转变，不重视网络平台，忽视大学生的网络认知规律，并且对接受新产出的网络媒体、网络概念等网络产品具有一定的滞后性。高校网络思想政治教育队伍协同性不足，教师、辅导员、学工和团委等其他部门的工作者分工明确，能各自做好单方面的思想政治工作，但在协同开展网络思想政治教育中却显得有些手足无措，各方表现出“各自为政”“分层负责”的割裂状态，未能形成协同开展网络思想政治教育的格局。一些高校未对思想政治教育引起高度重视，没有落实教育部提出的将思想政治教育融入各个课程体系的要求，思政课与专业课、思政课教师与其他教师融合度不高、协作性不强。在大数据时代背景下，网络思想政治教育工作者可以借助网络收集、分析大学生的各类信息数据，进而预测大学生的思想和行为动态。但是，大多数工作者并未掌握大数据应用技术，不具备熟练运用大数据技术处理数据的能力，缺乏网络软件应用和信息处理技能，从而制约着高校网络思想政治教育的发展。

第二章
高校网络思想政治教育主体与客体

第一节　高校网络思想政治教育主体与客体的基本内涵

一、网络思想政治教育主体的内涵

（一）传统思想政治教育主体

传统思想政治教育主体是思想政治教育实践活动的组织者和发动者，在主体、介体、环体和客体构建的思想政治教育系统中处于核心地位，是我们掌握思想政治教育运动规律和解决思想政治教育矛盾的关键因素。

传统思想政治教育主体是指在一定的思想政治教育实践活动中对客体进行教育和引导，旨在影响与改变其思想和行为的人。具体包括思想政治教育实践活动的组织者、承担者、发动者和实施者。学术界关于传统思想政治教育主体有不同的看法。传统思想政治教育的单一主体说认为，教育主体只有一个，要么是教育者，要么是受教育者，又或者是政治集团；双主体说认为，教育者和受教育者均是主体或互为主体；多主体说认为，个人、群体、社会或国家均为主体。也有观点认为，传统思想政治教育主体主要包括政治集团主体、教育者主体和受教育者主体。这种观点认为，这三个或这三类主体并非毫无关联、各自为政的，而是以思想政治教育过程中各种矛盾的化解为目标经常性地开展各种有效活动。最大限度地激发人的主体性是思想政治教育活动开展的主要目标①。

传统思想政治教育主体，作为思想政治教育实践活动的组织者、承担者，首先自身拥有较高的政治素养和优良的思想道德品质，其次也掌握了一定的教育知识和相关教学方法，因而获取了具有合法性的主体地位来完成施教任务。但是，传统思想政治教育主体在具体的实践活动中，会基于自身的权威形象和注重自身的主体地位，缺乏对思想政治教育教学规律的探寻和对受教育者的需求进行研究，特别是受教育者会因为成长环境、性格特征、心理素质等多方面的因素呈现出认知能力、思维能力、接受能力、行为能力等多方面的差异性。传统思想政治教育主体却盲目单一地按照固定模式去开展思想政治教育教学活动，这种缺乏科学性和针对性的教育教学活动的教育效果不佳。另外，传统思想政治教育主体容易出现知识结构固化的现象，在实际的思想政治教育教学中会采用重复的内容和照本宣科式的教学方法，这就会挫伤受教育者的学习兴趣和积极性，失去学习的激情，缺乏化之于行的动力，极易出现思想政治教育单向灌输的现象。在长期的单向灌输中，受教育者在被动接受的同时很容易滋生惰性。久而久之，思想政治教育的目标无法实现，传统思想政治教育主体的地位也终将丧失。因此，传统思想政治教育主体在提升自身综合能力的同时也要对受教育者的个性特征和需求进行认真研究，只有这样才能维护好自身在思想政治教育实践中的主体地位。

（二）网络思想政治教育主体

网络思想政治教育主体是伴随着网络技术的不断发展而产生的。网络技术由最初的神秘莫测到走进并融入大众的工作、学习和生活之中，发挥着巨大的影响力。党和国家以高度的敏锐性察觉到了在网络中抢占意识形态高地、构建话语权对凝聚国民共识、建设精神文明的重要性。网络思想政治教育因而也就应运而生了。网络思想政治教育主体是重中之重。相较于传统思想政治教育主体而言，网络思想政治教育主体的工作内容和工作

① 苏令银. 主体间性思想政治教育研究［M］. 上海：上海三联书店，2012：55-59.

要求更为复杂。在网络社会中，受教育者的思想困惑、情感世界、价值追求等方面呈现出隐蔽易变的特点，其对网络海量信息的选择也存在不确定性、在网络上的言语行为也可能出现随心所欲的现象，这些都需要网络思想政治教育主体从传统思想政治教育环境中抽离出来，进行新的探索与研究。网络思想政治教育者需要对受教育者进行全方位立体式的了解，需要构建科学丰富的网络思想政治教育内容体系并对受教育者进行科学理性的指导，需要培育受教育者网络道德修养，引导其规范自身网络行为，掌握相应的网络技术，帮助受教育者真正融入网络思想政治教育环境之中。但是，有学者认为，计算机具备强大的记忆、存储、运算能力，这使得互联网变为一个能够迅速获取、识别、加工、传递信息的智能网络。这种由人—机连成的智能网络，在网络思想政治教育实践中发挥着越来越重要的作用。从某种意义上说，智能网络逐渐开始具有主体品格甚至与网络思想政治教育主体混为一体、真假难辨①。这种观点还有待进一步考证。

网络世界和现实世界有着千丝万缕的联系。现实世界是网络世界的源泉和基础，而网络世界是现实世界的折射和夸大。网络思想政治教育实践活动需要依靠现实的人来组织和实施，网络思想政治教育主客体的关系实际上也是现实中的教育主客体在网络虚拟的环境中通过彼此的思想交往和精神交流来实现的。因此，我们需要在一个平等、开放、虚拟的社会背景下来思考网络思想政治教育主体的实质。在网络思想政治教育实践活动中，网络思想政治教育主体承担着网络精神的指引、思想交流的设计、网络信息的监管、开展虚拟思想政治教育实践活动等职责。由此可见，网络思想政治教育主体是指在网络空间中有目的、有计划、有步骤地推行和施加旨在影响和改变网民思想与行为的人。其主要分为个人主体和群体主体两大类。个人主体主要包括网络思想政治教育工作者、网络监管人员等，群体主体主要包括网络思想政治教育的主管部门、实施部门、监管部门、网络技术服务部门等网络思想政治教育实践活动的组织者、承担者和发起者。

① 宋元林．网络思想政治教育［M］．北京：人民出版社，2012：127-128.

网络思想政治教育和传统思想政治教育紧密相连，因此网络思想政治教育主体和传统思想政治教育主体也有相通之处。马克思主义原理中关于主体的界定是指在一定的对象性行为中作为行为者的人，是具有一定认识能力和实践能力的现实的人，网络思想政治教育主体和传统思想政治教育主体应该都是具有能动性、独立性、创造性的主体。首先，能动性是人们在认识世界和改造世界的过程中呈现出的一种重要的精神动力和智力支撑力量。在这种力量的支配下，人们积极主动地调动自身一切有利因素去认识和改造世界，因此能动性是主体特性的集中体现和典型表达。在思想政治教育实践活动中，传统思想政治教育主体和网络思想政治教育主体通过发挥自身的主观能动性来制订思想政治教育的目标计划、探寻思想政治教育的规律、对受教育者进行施教等，完成一定的思想政治教育实践活动任务。相比于传统思想政治教育主体，网络思想政治教育主体因网络空间的无限性、网络技术的先进性、网络载体的多样性，其能动性发挥的效能更能得到充分体现。其次，网络思想政治教育主体和传统思想政治教育主体都具有一定的独立性。在思想政治教育实践活动中，他们都会依据自身的需要和目的来确定具体措施，比如开展思想政治教育活动的时间、内容、方法、载体，思想政治教育活动效果的评估等。这种独立性反过来又可以强化他们作为主体的特质。网络思想政治教育主体在思想政治教育资源的搜集与整合、网络技术的有效运用、思想政治教育实践活动趣味性的提升等方面会摆脱时空限制而拥有更多的独立自主权。最后，网络思想政治教育主体和传统思想政治教育主体都具有创造性。人类的进化和发展历程表明，人们不是简单地去适应这个世界，而是根据自身生存和发展的需要在不断创造性地改造这个世界。在这个创造性地改造世界的实践活动中，人的主体性得到了淋漓尽致的呈现。在思想政治教育实践活动中，网络思想政治教育主体和传统思想政治教育主体根据时代和社会的发展，结合受教育者的需求，不断创造性地优化思想政治教育内容、创新思想政治教育方法并拓展思想政治教育载体。网络思想政治教育主体随着网络技术的飞速发展而在不断创造性地开展思想政治教育实践活动，深刻地展示了其作为主体的创造性。

二、网络思想政治教育客体的内涵

（一）传统思想政治教育客体

传统思想政治教育客体与哲学意义上的一般物质客体差别较大，马克思主义理论关于客体的观点，主要是指在主体实践活动和认识活动中被主体认识和改造的对象。也就是说，客体是指“对象性关系中的行为对象”[①]。也有学者指出，客体就是在实践活动中被动、接受的一方，其在主体开展的对象性活动和关系中处于“被动态势、受动作用、消极态度和受控地位”[②]。还有学者认为，客体还具有对象性和对主体的依存性、客观性和对主体的制约性、历史性等丰富的规定性[③]。这些观点侧重于阐明客体的一种从属地位。从历史唯物主义的角度来看，人的实践活动既包含人们认识和改造客观的物质世界，也包含对人类的自我认识和改造，因此这种主体的对象性活动和被认识、被改造的行为又体现了人作为客体的存在。在教育行为、体育比赛、经济活动、科学研究等人类活动中，人和人总是一种互为主客体的关系，而且每一个人也都有“自我主客”的特质。从这个意义上说，人总是同时既为主体又为客体，人是具体主客体的统一[④]。从这个角度来解析客体，有助于我们界定传统思想政治教育客体的内涵，建立良好的思想政治教育主客体关系。

在传统思想政治教育实践活动中，思想政治教育客体作为受教育的对象在接受教育时，并非处于完全被动的状态。他们在实际的教育过程中会对思想政治教育主体进行主动的和动态的反馈，常常也会出现自我教育的情况，体现出非常明显的主动性与能动性。虽然如此，但是思想政治教育客体处于受教育的地位始终不会改变，也就是客体的属性不会改变。因此，我们认为，传统思想政治教育客体是指在思想政治教育实践活动过程中主体认识和作用的对象。传统思想政治教育主体和客体在身份、地位、

---

① 李德顺．价值论［M］．北京：中国人民大学出版社，2007：41.

② 黄楠森．人学原理［M］．南宁：广西人民出版社，2000：245.

③ 张彦．思想政治教育主体性研究［M］．广州：广东人民出版社，2006：11-12.

④ 李德顺．价值论［M］．北京：中国人民大学出版社，2007：43.

能力等各方面都存在一定的差异。另外，在实际的思想政治教育实践活动中，由于教学内容、教学方式、教学条件等方面的局限，传统思想政治教育客体在接受教育的过程中往往会出现被动接受、消极内化的情况。因此，要建立良好的思想政治教育主客体关系，需注重发挥传统思想政治教育客体的主动性和能动性，积极营造氛围和创造条件，使传统思想政治教育客体在思想政治教育实践活动中主动接受、积极赋能，从而避免出现客体主体化的现象。

（二）网络思想政治教育客体

在网络思想政治教育的实践活动中，网络技术作为教育载体发挥着巨大的作用，既充当了教育者发布信息的媒介，又充当了受教育者获取信息的中介，但是无法改变网络思想政治教育主体与客体共同存在的关系。在网络思想政治教育过程中，一方面，网络思想政治教育主体往往掌握着主动权，决定网络思想政治教育内容体系的设计、传播途径、舆论导向，在网络世界的交往中处于领导地位，在网络思想政治教育中拥有绝对的话语权；另一方面，受教育者虽然有自己的思想和行动能力，但在网络思想政治教育活动中，仍然需要在网络思想政治教育内容体系下获取信息，网络言行依然要接受思想政治教育主体的引导与监督，在网络世界的交往中处于服从地位。网络思想政治教育主体和客体与传统思想政治教育主体和客体一样，都是一对关系范畴，都具有主动性、现实性，通过思想政治教育实践活动产生彼此的链接。因此，网络思想政治教育客体是指网络思想政治教育主体在网络思想政治教育活动中认识和实践的对象，即网络思想政治教育对象性关系中的行为对象。

网络思想政治教育客体在网络思想政治教育主客体关系中发挥着非常重要的作用，在网络思想政治教育实践活动中有非常明显的主动性、积极性、创造性。由于网络环境的特殊性，有时在思想政治教育的过程中，客体具有主体化倾向，出现“反客为主”或“逆袭”等现象。因此，我们在研究网络思想政治教育客体时要积极关注这一方面，才能推动网络思想政治教育实践活动向纵深发展。

三、网络思想政治教育主体与客体关系的内涵

网络思想政治教育主客体的研究一直以来都将网络思想政治教育主客体关系作为出发点和归宿。网络思想政治教育主客体关系直接关系到思想政治教育实践活动的成效。因此，网络思想政治教育主客体关系的研究是网络思想政治教育研究中的重大课题。网络思想政治教育主客体关系又和传统思想政治教育主客体关系有着密切的联系。

（一）传统思想政治教育主客体关系

关于思想政治教育主客体关系，国内外学者都有相应的研究。其中，对我国传统思想政治教育有着重要影响的是德国著名教育学家赫尔巴特，他主张以直接的道德教学来进行教育，并提出了以教师为中心、以书本为中心、以课堂为中心的“三中心”论。我国早期传统思想政治教育在该思想的影响下，非常注重通过教学向学生传授书本知识，强调教师的权威性，久而久之就形成了教师是思想政治教育唯一主体的思想，学生更多的是被动接受知识、服从管理，成为唯一的客体，而教学成为思想政治教育主客体产生关系的重要手段。随着时代和社会的发展，学者们对传统思想政治教育的研究也在深入。苏联心理学家包诺维奇提出了道德教育“活动-动机理论”，认为人的动机源自活动本身和主体的生存环境，它是由人的需要与活动对象结合构成的，人是否采取行动是靠人的内在动力系统（由主导动机与非主导动机构成）来决定和推动的。由此可见，思想政治教育主客体之间的活动与交往对受教育者在思想政治教育实践活动中的行为表现有很重要的关联作用。在这种思想的影响下，学界也出现了关于思想政治教育主客体是完全平等的，是可以相互对话、有效互动的观点，非常深刻地影响了当时的思想政治教育实践活动的实施。在我国关于传统思想政治教育主客体关系的研究中，学者们提出了“单主体说”“双主体说”“主体间性说”等主要观点。“单主体说”坚持只有一个主体的观点，即“教师主体说”和“学生主体说”。“教师主体说”简单地把受教育者当作思想政治教育主体认识和实践的对象，从而出现了传统思想政治教育实践活动中“填鸭式”和“大水漫灌”等教育方式。“学生主体说”强调学生是思想政治教育主体，极大地忽视了教师的主导性和教育引导作用，容易

导致思想政治教育实践活动偏离正确的方向。我们可以看到，无论是“教师主体说”还是“学生主体说”，都是在用比较孤立的方式看待思想政治教育主客体关系。“双主体说”认为，教师和学生都是思想政治教育主体，两者相互作用、双向互动，在思想政治教育实践活动中都可以成为主导的一方，两者都只是思想政治教育实践活动过程中的不同方面的存在。一方面，“双主体说”忽略了教师作为思想政治教育主体的使命与责任；另一方面，“双主体说”会助长学生作为受教育者客体的自发性与盲目性，进而使得思想政治教育实践活动出现形式主义和虚无主义的问题。“主体间性说”主张教育者与受教育者在思想政治教育实践活动中均为地位平等的主体，但有别于传统的单一主客体模式，提倡建立一种“主体-客体-主体”新型主客体关系模式。这也是目前学界大多数学者认为有助于提升思想政治教育实践活动成效的关系模式，是一种创新和进步。但是，该学说也有在思想政治教育阶级性、实践性等方面的缺陷，因此还处于继续研究的阶段。由此，我们可以看出，传统思想政治教育主客体关系问题仍然是思想政治教育理论研究的重大课题。

（二）网络思想政治教育主客体关系

网络思想政治教育主客体关系是教育主客体双方在网络空间里进行思想交往和教育引导活动时结成的互动关系。它所反映的是现实的人们在网络环境里进行交往活动关系的总和。与传统思想政治教育主客体关系不同，网络思想政治教育主客体关系因为网络的虚拟性而充满了复杂性和易变性。首先，平等互动成为网络思想政治教育主客体关系中的基础状态，网络思想政治教育主客体关系往往根据网络思想政治教育活动场域和方式的不同而变化。互联网通过技术把网络思想政治教育主客体连接起来，在网络空间里发布信息和控制网络信息的依然是现实的人，网络思想政治教育实践活动需要思想政治教育主客体的双方互动才得以在网络空间里通过各种形式展开。在网络思想政治教育实践活动的过程中，思想政治教育主客体在使用网络信息平台、获取网络资源信息等方面体现出来的是一种自愿平等的关系，而在网络平台上相互交流产生交集又体现了网络思想政治教育主客体双向互动、相互作用的特点。因此，基于平等的互动是网络思想政治教育主客体关系的主要相互作用方式。其次，多向互动也是网络思想政治教育主客体关系中的主要状态。由于互联网技术的发展，传播方式也呈现出交互多元化特征，网络空间里人们的交往方式变得多元化。网络思想政治教育主客体也改变了传统思想政治教育主客体相互作用的固有模式，演变为一对一、一对多、多对多的关系。在开放自由的虚拟空间里，网络思想政治教育主客体之间非常容易实现多维度、多方向、全方位的交流和互动，实现沟通交流零障碍。这种基于多向的互动、交互影响彻底颠覆了主客体关系的原有状态。最后，频繁互动是网络思想政治教育主客体关系中最显著的状态。思想政治教育实践活动是一个长期的过程，想要取得成效需要从知、情、信、意、行各个环节进行突破，因此思想政治教育主客体往往需要进行多次交流、反复沟通、长期互动才能解决问题。网络思想政治教育需要遵循“润物细无声”的原则，需要网络思想政治教育主客体在思想交往互动中，进行发布信息、接收信息、消化信息、反馈信息等反复叠加、相互作用的链接。这种基于频繁的互动也是网络思想政治教育主客体进行精神交流、思想沟通、行为引导的重要手段。

在网络思想政治教育的实践活动中，网络思想政治教育主客体也形成了鲜明的特性。一是因网而存。网络思想政治教育主客体关系因为网络的存在而存在。只有在网络空间中，教育者和受教育者才会通过思想政治教育实践活动进行思想交往，进而形成网络思想政治教育主客体关系。此外，当网络思想政治教育主客体关系确定后，若要继续维持，同样需要借助网络这个重要的场域。如果网络这个空间不存在了，教育者和受教育者也就失去了产生交集的依托和平台，网络思想政治教育主客体关系也就不会存在了。二是因网而变。网络思想政治教育主客体关系因网络的变化而变化。网络空间不是一成不变的，会因为网络技术的更新迭代而发生重要的环境改变，因此在网络空间中通过思想交往形成关系的网络思想政治教育主客体关系也不是固定不变的。与传统思想政治教育主客体关系不同，网络思想政治教育主客体关系随着网络空间的变化也会发生解构、颠覆甚至转化。谁在新的网络空间里掌握了新技术、获取了新信息、发展成了新的意见领袖，谁就在网络思想政治教育实践活动中处于主动地位。因此，网络技术的发展、网络空间的变化会导致网络思想政治教育主客体关系发生巨大的变化。三是因网而新。网络思想政治教育主客体关系因网络的多元化而变得具有创新性。网络思想政治教育主客体关系是现实的人在虚拟世界和现实世界的双重作用下所结成的虚实并存的交往互动关系，这种交互性行为是在网络空间中产生和发生的，同时也是在网络世界里维系和发展的。传统思想政治教育主客体关系的发展受到时空的限制、固有模式的约束、信息闭塞的局限等，这种关系形成之后很难发生较大的变化，缺乏创新的条件和契机。但是，网络空间里由于网络技术的日新月异，网络思想政治教育呈现出时空无限性、手段多元化等特点。这就让网络思想政治教育实践活动拥有了充分的自由发展的可能，网络思想政治教育主客体在网络空间这个自由自在的虚拟世界里可以没有拘束地进行交流和互动。这又给网络思想政治教育主客体关系的变化和创新提供了条件。由此，我们可以看出，网络作为连接网络思想政治教育主客体的桥梁，在网络思想政治教育主客体产生交往关系中发挥着重要的作用，是网络思想政治教育主客体关系维系和发展的重要支撑。

第二节　高校网络思想政治教育主体与客体的基本特征

一、高校网络思想政治教育主体的基本特征

网络思想政治教育主体是思想政治教育任务的承担者和实施者，在网络思想政治教育实践活动中，网络思想政治教育主体需要对客体进行思想引领和政治教育，为党和国家培育合格的社会主义建设者和政治立场坚定的接班人，网络思想政治教育主体在整个网络思想政治教育实践活动中处于核心地位，发挥着重要作用。因此，为了提高网络思想政治教育的实效性，有针对性地增强网络思想政治教育主体的力量，非常有必要了解和掌握网络思想政治教育主体的基本特征。

（一）主观能动性

在思想政治教育实践活动中，与传统思想政治教育主体一样，网络思想政治教育主体需要制订思想政治教育的目标计划、探寻思想政治教育的规律、对受教育者进行施教等，来完成一定的思想政治教育任务。网络思想政治教育客体是生活于虚拟和现实两重世界里的人们，他们在网络世界

里的各种思想行为往往源于现实生活。现实生活中产生的思想波动、情绪反应、价值困惑，往往会在网络虚拟世界中通过数字、符号展现出来。因此，网络思想政治教育主体需借助网络平台开展教育和引导工作，以帮助人们树立正确的世界观、人生观、价值观，坚定正确的政治立场、规范理想信念、约束网络言行。因此，在网络思想政治教育实践活动中，非常需要网络思想政治教育主体发挥主观能动性，利用网络空间的优越性来实现对传统思想政治教育的超越，探索全新的、更有效的教育实践活动方式。

一方面，网络思想政治教育主体要充分借助网络平台的优势来发挥主观能动性。在网络空间里，网络思想政治教育主客体双方会感到更加平等自由，双方更加容易建立连接，网络思想政治教育主体应抓住这一特点，结合时代和社会发展需要，丰富网络思想政治教育内容体系，积极挖掘网络思想政治教育客体的现实需求，主动营造健康向上的网络环境。同时，网络思想政治教育主体要多方面利用各种网络技术载体创新网络思想政治教育方法，多采用广大网络思想政治教育客体感兴趣的手段开展实践活动，提升网络思想政治教育的实际效果。另一方面，网络思想政治教育主体要充分发挥自身的主观能动性，以减轻网络平台给网络思想政治教育带来的负面影响。由于网络空间是虚拟的，网络思想政治教育主客体彼此的身份和角色信息难以辨别和证伪，在网络思想政治教育实践活动中双方的交流互动也不像传统思想政治教育面对面沟通那么直接，因此网络思想政治教育效果会被削弱。网络思想政治教育主体要有意识地、主动地引导广大网民以实名制的方式在网上进行沟通交流，这样也可以对网民的言行进行约束，减少网络谩骂、侮辱等不良网络行为，避免部分网民以虚拟身份在网上编造发送虚假、有害信息，散布谣言等。网络思想政治教育主体通过自身的主观能动性教育引导广大网民在网络空间里自觉自愿地传播正能量、弘扬主旋律，多推送一些凝聚人心、温暖人心的信息和新闻，杜绝编造和发布一些诋毁党和政府形象、破坏社会主义现代化安定团结大好局面的谣言，让一些别有用心的不良言论失去受众和市场。

（二）社会实践性

网络世界和现实社会有着千丝万缕的联系，是现实社会的延展，而不是孤立的、虚无的。在网络空间中进行交往的人们，同样也是存在于现实社会的个体，他们具有社会属性和实践属性。在网络思想政治教育实践活动中，网络思想政治教育主体结合时代特点和当前社会经济发展形势，按照党和国家方针政策与网络思想政治教育客体进行沟通交流，帮助网络思想政治教育客体解决其在现实社会各种实践中所产生的困惑和面临的问题。如果离开时代所需、社会发展所需，避开社会现实实际问题来泛泛而谈网络思想政治教育，那么网络思想政治教育也就成了空洞的说教。人类社会实践活动是网络思想政治教育发挥其价值和功效的立足点与重要基石，这一方面要求网络思想政治教育主体要坚持从实际出发，从社会现实生活中去挖掘网络思想政治教育客体身上所潜在的社会性的、实践性的、精神性的等各种需要，以便网络思想政治教育更好地实施；另一方面要求网络思想政治教育主体要在社会实践中不断地充实自己、提升自己、超越自己。随着网络的发展，环境更加虚拟、内容更加丰富、手段更加多样、目的更加隐蔽、交互更加频繁。这一系列的新变化和新特征，对网络思想政治教育主体自身的能力和素质提出了很高的要求。网络思想政治教育主体若不在社会实践中获取养料，不断满足自己心灵和精神滋养的需要，不断增强主体本质力量的生长，就很难完成网络思想政治教育的任务。因此，网络思想政治教育主体在网络思想政治教育实践活动的实施中通过与网络思想政治教育客体有效的交往互动体现出了其社会实践性，同时也在社会实践中不断地实现自身自由而全面的发展。

（三）价值多元性

网络的虚拟性使网络思想政治教育主体在这个比较自由的环境里可以抛开身份的约束，丢掉现实生活中沉重的思想包袱，在网络交流平台上畅谈理想人生，发表见解。网络的交互性让网络思想政治教育主客体可以在这个没有时空限制的环境里随时探讨人生价值，议论时事。网络思想政治教育主客体交往的广度、深度在扩大，交往的主动性、积极性在提高，网络思想政治教育的范围也在拓展。在网络空间中，网络思想政治教育主体的身份、民族、宗教、社会角色等方面的信息在弱化，网络思想政治教育主体可以针对网民不同的兴趣爱好、不同的个性特点提供有针对性的、个性化的指导。在这个过程中，网络思想政治教育主体展现出丰富的思想性和多元的价值观。网络思想政治教育主体是处于一定社会生活中的现实的人，在市场经济深入发展和改革开放深化的现阶段，网络思想政治教育主体自身也会接触到不同的社会思想和多元的价值观，这也会对其价值观素养的形成产生一定的影响。因此，在网络思想政治教育实践活动中，网络思想政治教育主体的价值多元化也会不可避免地呈现出来。另外，网络思想政治教育主体也有改造自己的主观世界，即进行自我教育的主观需求。网络思想政治教育主体和广大网民一样，也会在微博上发布文章，在朋友圈抒写心情，在评论社区发表意见，这些都是网络思想政治教育主体所见所思所悟在网络平台上的表达，是与自身主观世界的对话和交流。在这个过程中，网络思想政治教育主体的思想价值观在不断塑造，价值观多元化又会再次呈现出来。

二、高校网络思想政治教育客体的基本特征

网络思想政治教育客体是网络思想政治教育实践活动中网络思想政治教育主体进行思想交往和作用的对象，他们是以平等的身份和自愿的态度参加到网络思想政治教育实践活动中来，主动地接受网络思想政治教育主体的教育引导，追求实现自身自由而全面的发展。在传统思想政治教育中，由于各方面的原因，思想政治教育客体一直处于一种比较被动的地位，这就造成传统思想政治教育存在很多局限性。网络平台给网络思想政治教育客体提供了更多的尊重、自由和选择，让思想政治教育主客体关系有了新的突破，因此了解网络思想政治教育客体的基本特征也是提升网络思想政治教育实效性的重大课题。

（一）身份复杂性

在网络信息社会，人们之间的相互联系不再像传统社会那样依靠书信传递信息，而是将数字代码作为传递信息的方式。这种方式能够在非常短的时间内甚至几秒钟内使信息传递至世界的每一个角落。如此，网络思想政治教育主客体进行沟通交流时就打破了传统的间接中介型的交往模式，采取直接交流互动的方式，并且通过网络视频面对面的交往模式也变为了现实。然而，由于网络社会的虚拟性，身份、地位、收入等在现实社会中被人们所看重的这些人际资源在网络社会中发挥的作用微乎其微，甚至可以忽略不计。网络思想政治教育参与者可以自由地根据自己的兴趣和爱好

去选择各种网络资源，可以根据自己的意愿和判断进出网络交流平台，甚至可以以各种身份去参加各种精神互动交流活动。网络思想政治教育参与者在这样的虚拟思想交往环境中，会出现多种网络身份：一是可以推送一些自己关注和感兴趣的深度话题与鲜活新闻，从而成为影响和改变其他网民的信息制造者与发布者；二是可以选择仅仅是浏览网页或被动地接收一些网络信息，从而成为接收信息和被信息影响的人；三是可以在同一时间与多个交往对象进行信息共享和精神交流，从而实现自己在网络世界里管理者、组织者和参与者等多重身份与角色的内在统一。网络思想政治教育客体的身份复杂性还会使网络思想政治教育虚拟交往实践活动中的主体客体化和客体主体化成为可能。总之，网络思想政治教育客体是随着网络的存在而存在，随着网络的变化而变化的。离开了网络平台，网络思想政治教育客体身份的复杂性也就不复存在了。

（二）层次多样性

在开放自由的网络环境中，网络思想政治教育主客体突破传统的二元对立关系，逐步建立了一种相互尊重、平等对话的新型主客体关系，传统思想政治教育主客体直接不可逾越的鸿沟正逐步缩小，网络思想政治教育客体能够主动接收信息、反馈意见、消化内容。随着我国进入新时代，经济社会发展进入新阶段，以网络技术为代表的新型科技正在不同层面对网络思想政治教育产生巨大的冲击。网络平台不再只是拓展人们的视野或转变固有的价值观念，而是伴随着新媒体的出现和发展，在各个不同层面上对思想政治教育的理念及方式的改变产生了前所未有的冲击。传统思想政治教育客体是比较单一具体的，它的层次性也不够丰富和多元。但是，网络思想政治教育主客体之间的沟通交流方式随着网络技术的革新发生着前所未有的改变。网络思想政治教育主客体的思想交往和精神交流不仅不受时间和空间的限制，而且出现了双方即时交互的崭新模式。这种模式大大激发了网络思想政治教育主客体进行思想交往和精神交流互动的热情与兴趣，使得网络思想政治教育客体的主体性得以充分体现。但是，值得注意的是，网络思想政治教育客体的认知能力、理解能力、道德品质以及物质、精神、文化、心理等方面的需求层次也是千差万别、大相径庭的。也就是说，网络思想政治教育客体具有鲜明的层次多样性，这就要求我们需要针对这种层次多样性分层次、分阶段、分对象地开展网络思想政治教育，充分考虑网络思想政治客体自身需求方面的差异性、层次性和复杂性，要想方设法地激发客体的创造性和创新性，促使网络思想政治教育客体在网络思想政治教育实践活动中加深对社会主义核心价值观的认同，规范自己的言行。

（三）脆弱易变性

网络世界是现实世界的虚拟呈现与重构，网络社会是现实社会的折射与重塑。网络世界具有虚实二重性。一方面，随着网络技术的发展特别是新媒体的出现，网络强大的信息传递和交流功能激发了广大网民思想交往的需求。在网络空间里，人们的交往呈现出丰富多彩的样式，尤其是新媒体作为新的载体已经融入人们社会生活领域的方方面面，浸入人们工作、学习、生活的每一个角落，人们的实践活动越来越深入地向虚拟领域拓展，人们的生活方式逐步数字化和符号化，网络思想政治教育客体也会因网络社会的捉摸不透而飘摇不定，容易因网络的变化莫测而变化。当网络技术出现问题连接不成功时，网络思想政治教育客体就无法参与到网络思想政治教育实践活动中，其网络思想政治教育客体的身份和功能也会消失，此时网络思想政治教育客体的脆弱性就格外明显。另一方面，网络特别是新媒体已经深深地融入了人们的社会生活，人们对网络的依赖程度日益加深。网络思想政治教育客体会因各种需求来参与网络思想政治教育活动，有的是学习知识、拓展思维，有的是结识朋友、拓展人脉，有的是传播自己的思想和价值观念，有的是排忧解难、寻求慰藉，人们急需要在网络生活中通过参加不同的活动来探寻在现实生活中不能满足这些需求的多种可能性。网络思想政治教育客体需求的多样性及其活动方式的丰富性又让网络思想政治教育客体在网络社会中建立的社会关系流于浅层次，显得较为脆弱且易变。

三、高校网络思想政治教育主体与客体关系的基本特征

网络技术的快速发展不断地影响着人们的思想和生活方式，网络虚拟社会和现实社会的交织给人们的社会实践关系提供了新的变化模式，网络思想政治教育也面临着虚拟世界和现实世界构成的复杂环境。在这样一个

复杂的场域，网络思想政治教育主客体关系在网络思想政治教育中发挥着重要的作用。因此，我们非常有必要从虚拟与现实相互交错的双重视角来审视网络思想政治教育主客体关系。网络思想政治教育的不断创新与发展，也要求我们在不断发展的网络环境中去探寻网络思想政治教育主客体关系发生的新变化、新特征。

（一）情境依托性

网络技术的出现改变了传统思想政治教育主客体的生存方式和作用方式。在网络空间中，网络思想政治教育主客体之间的思想交往和精神交流变得更加频繁全面和深入持续，主客体关系作为一种相互依存的对象性关系存在于网络社会中。但网络思想政治教育主客体的这种相互依存的交互关系是因网络而存在的，离开了网络社会这个环境，网络思想政治教育主客体的思想交往和精神交流就会立马终止，主客体的相互依存的关系也就不复存在了。因此，网络思想政治教育主客体必须依托网络社会情境才能存在。换句话说，情境依托性是网络思想政治教育主客体关系的首要特征。

情境依托性是指网络思想政治教育主客体之间的相互依存的对象性关系是在网络社会中产生的，同时也需要依靠网络继续保持和发展。网络社会这种特定的情境是网络思想政治教育主客体关系存续和发展的必要条件。网络思想政治教育主客体只有依托网络社会这个特定的情境才能相互发生作用，进而使网络思想政治教育实践活动得以开展。在网络思想政治教育中，网络思想政治教育主客体相互作用的情境大致可以分为“引领式情境”和“自主式情境”两种情境。

“引领式情境”主要是依靠学校的宣传工作部门领导和思想政治教育工作者，通过学校思想政治教育专门网站的创设等途径来构建和设置的。思想政治教育工作者主要通过信息的发布、理论的讲授和新闻报道等途径与方式来影响和引领受教育者，从而营造和构建一种积极向上的、充满正能量的和谐情境模式。“自主式情境”主要是高校志同道合的青年学生自主构建的一种主客体关系情境。这类青年学生大多都具有相同或相近的爱好兴趣，由于性格相投、文化生活背景相似等而相互认识并成为朋友，他们在相互尊重、相互帮助的平等自由的情境中进行思想交往和精神交流，并在这种情境中形成了一定的文化认同感和群体归属感。相对于“引领式情境”来说，“自主式情境”使受教育者成为可以自由支配虚拟空间的活动主体，并成为网络情境里的主力军，其思想活动甚至还会影响教育者。由此可以看出，网络思想政治教育主客体关系的这种情境依托性体现出了一个重要的现象，即网络情境对网络思想政治教育主体在网络思想政治教育实践活动中的主体地位和现实身份进行解构，推动着网络思想政治教育主客体关系朝着全新的模式发展。

网络思想政治教育主客体关系的这种情境依托性很好地扬弃了传统思想政治教育中关于主客体关系的优缺点，对网络思想政治教育主客体关系的维护和发展具有积极作用。首先，网络思想政治教育主客体关系吸收了“教师主体论”中关于教师主导作用的重要性。教师的主导作用和重要地位与教育实践活动的组织实施一样对思想政治教育起着关键的保障作用。在网络社会中，信息数量巨大且真假难辨，如果没有一定的权威的引领和影响的话，网民们就会缺乏一定的独立判断和价值选择，从而导致在网络社会中出现迷茫、彷徨甚至失去自我的情况。与此同时，网络思想政治教育主客体关系又摈弃了传统思想政治教育中教育者处于中心权威地位、受教育者处于被动服从地位的状态。网络世界是自由开放的，已逐步形成了一种自主参与、平等交流的价值导向和网络文化，传统思想政治教育中教育者高高在上、发号施令的言行已经与网络情境不相容了，网络思想政治教育需要教育者和受教育者平等对话与交往。其次，网络思想政治教育主客体关系吸收了“学生主体论”中关于学生主体性激发的重要性。在思想政治教育中激发受教育者的主体性，注重受教育者的自我教育和道德体验对提升思想政治教育效果非常重要。网络技术的不断发展也在不断影响网民尤其是青年学生的价值观念和思维方式，其自主意识、民主意识、平等意识等不断增强，个性不断多元化，主动性、能动性、创新性不断得到发挥。这就要求网络思想政治教育充分尊重受教育者的主体性，激发他们的能动性，促进他们自由而全面的发展，提升网络思想政治教育效果。但是，网络情境具有隐匿性、自由性、开放性等特点，受教育者的政治信仰、民族认同、价值选择等容易受到网络各种信息的影响，产生政治信仰迷茫、民族认同感不强、社会责任感弱化、人格心理扭曲等不良倾向。因此，网络思想政治教育需要警惕受教育者自我中心主义的滋长，加强教育者对广大网民的思想引导和价值引领，使广大网民自觉地规范自身网上的言行。最后，网络思想政治教育主客体关系契合了“双主体论”中双向互动的特点。“双主体论”认为，教育者在思想政治教育实践活动中是实施主体，受教育者是接受主体，两者是一种双向互动的关系并统一于思想政治教育全过程。在网络情境中，网络思想政治教育主体和客体通过信息而连接，信息传播者通过占有资源而发布信息，进而成为影响信息接收者和网络环境的主体。信息接收者根据自己的兴趣爱好、价值判断以及内在需求筛选接收信息而成为信息内化的主体。网络思想政治教育主客体关系始终处于不断的矛盾运动之中，必要时还会相互转化。但是，“双主体论”认为，两个平行主体的相互作用就直接构成了思想政治教育活动，思想政治教育主要分为教育与发展、传授和学习两个阶段①。因此，思想政治教育主客体依托网络情境虽然平等自由地进行思想交往和精神交流，但其中也存在着不可避免的弊端。

（二）信息连接性

在网络思想政治教育实践活动中，网络思想政治教育主体和网络思想政治教育客体的思想交往与精神交流等活动并不是面对面直接进行的，而是通过信息进行连接的。在人类的社会实践活动中，人的认识都需要依赖于信息而产生和发展，信息在人的认识和社会实践活动中发挥着重要的中介作用。在网络思想政治教育实践活动中，网络思想政治教育主客体进行思想交往和精神交流活动也是通过信息这一中介发生矛盾运动关系的。网络思想政治教育主客体的矛盾运动主要通过以下两种方式进行：一种是主体→信息→客体的运动模式，另一种是客体→信息→主体的运动模式。这两种运动模式交替进行并循环往复，这也让网络思想政治教育主客体关系的结构更具层次性和多元化。在网络思想政治教育实践活动中，网络思想政治教育客体在与网络思想政治教育主体进行思想交往和精神交流的过程中将自身的相关信息顺势输入主体，并被网络思想政治教育主体辨识、改造和加工，从而形成网络思想政治教育主体对网络思想政治教育客体的认

① 张再兴. 网络思想政治教育研究［M］. 北京：经济科学出版社，2009：198-201.

识。在一般情况下，人们的感知系统不会主动地对外界事务产生认识，而是需要信息这一中介通过视觉、听觉、触觉等重要的中介系统载体去认识对象。网络思想政治教育主客体各自向对方发起信息流的对接来实现彼此的信息交流，从而完成主客体关系的相互依存和发展。总之，网络思想政治教育主客体并不是直接产生作用的，而是通过信息进行联结的。

网络思想政治教育主客体通过信息进行联结，彼此相互依存和发展，因此信息在网络思想政治教育主客体关系的建立和发展中发挥着至关重要的作用。在网络思想政治教育实践活动中，信息的获取和整合非常重要。但在当今的网络社会中，信息碎片化问题比较突出，甚至会影响网络思想政治教育的效果。信息碎片化的直接影响就是通过零散的信息来分散网络思想政治教育客体的注意力，让网络思想政治教育客体难以集中精力去认真阅读信息和进行深度思考。这种碎片化的信息造成的后果是浅层次的碎片化的阅读直接导致深层次阅读受到挤压，进而使得网络思想政治教育客体无法形成完整的知识体系，也就更不能进行创造性的工作了。这就要求在网络思想政治教育实践活动中，制定网络思想政治教育内容或发布信息要充分考虑网络思想政治教育客体的个性需求，多选择一些精彩案例和鲜活素材，对网络思想政治教育客体施加教育和影响，同时帮助网络思想政治教育客体提高信息筛查和选择的能力。

（三）共生共育性

传统思想政治教育是以教育者为主导的单边主导模式，思想政治教育主客体关系在这种模式下出现主体能动、客体被动的特点。网络思想政治教育相较而言则是在虚拟实践中形成了一种自主和自导相结合的新模式，网络信息的无权威性和共享性让网络思想政治教育主客体关系呈现自由平等的特点。网络思想政治教育客体的能动性得到极大地激发，主体性得到极大地释放。这种网络思想政治教育主客体关系新模式颠覆了传统的主体能动、客体被动的关系模式，解体了传统思想政治教育主客体相互依附的关系，反而形成了网络思想政治教育主客体共生共育的新型关系。在这种共生共育的新型关系中，受教育者不再盲从和跟随教育者，而是积极主动参与到思想政治教育实践活动中，提出自己的观点甚至在思想方面会影响教育者，进而在网络思想政治教育过程中出现“双主体”现象。网络思想政治教育主客体共生共育的关系对教育主体和教育客体都给予了肯定和重视，明确了网络思想政治教育主体和客体在网络思想政治教育实践活动中的突出位置和关键作用，因此也强烈要求摒弃传统思想政治教育那种权威性、强制性的育人模式，充分尊重网络思想政治教育主客体的地位，发挥网络思想政治教育主客体各自的特长和作用，积极营造平等、和谐、温情的育人环境。

共生共育性作为网络思想政治教育主客体关系的重要特征，首先要求在网络思想政治教育实践活动中要激发网络思想政治教育客体的主动性。这就需要充分认识和了解网络思想政治教育客体的现实问题和真实需求，鼓励网络思想政治教育客体在自由平等的网络环境中去自主选择、自由创造，同时帮助网络思想政治教育客体形成正确的世界观、人生观、价值观，树立积极健康的思想观念。其次，共生共有性要求在共同参与中进行自我教育。网络思想政治教育主客体关系的这种共生共育性对网络思想政治教育主体和客体都提出了较高的要求，需要双方在网络思想政治教育实践活动中能够彼此互相尊重、平等相待、真诚沟通。另外，在网络思想政治教育实践活动中，网络思想政治教育主体需要精通相关思想政治理论和掌握必要的网络技术，这样才能更好地对网络思想政治教育客体进行指导。网络思想政治教育客体需要发挥主观能动性，在网络思想政治教育主体正确的指导下积极参与活动，不断增强自我教育的能动性和创新性，提升自身综合素质。最后，共生共有性要求主动作为，积极回应。网络社会形势复杂、信息真假难辨，网络思想政治教育也会受到网络信息的干扰。这就需要网络思想政治教育主体主动作为，把握网络思想政治教育实践活动的节奏、关键节点和主导方向，要主动用心用情与网络思想政治教育客体交流沟通，了解他们内心所想、所感、所悟，有针对性地进行指导，对网络思想政治教育客体在思想上出现的偏差要及时纠正，对网络思想政治教育客体在价值方面出现的困惑要第一时间去化解，对于网络思想政治教育客体在思想政治教育实践活动中遇到的困难要最大限度地去帮助，用理、用情、用心去浇灌网络思想政治教育客体的精神家园，让网络思想政治教育主客体在这样有爱有情的网络环境中共生共育。

（四）交互双向性

从传统思想政治教育到网络思想政治教育，人们对思想政治教育主客体关系经历了从一元主体论到多元主体论的演变历程，而思想政治教育主客体关系则是在思想政治教育实践活动中逐步形成的。网络思想政治教育主客体因思想政治教育的本质属性而具有交互双向性。一方面，网络思想政治教育要遵循思想政治教育主客体关系的一般规律和要求，其发展方向和目标要与统治阶级的思想和意志相一致。统治阶级的思想在社会中处于统治地位，既反映了经济基础的要求，也体现了社会各阶层利益等方面的情况。列宁曾说："在为阶级矛盾所分裂的社会中，任何时候也不可能有非阶级的或超阶级的思想体系。"不同的国家和政党都需要有自己的思想体系或意识形态来维护自身的统治地位。思想政治教育的本质属性就在于阶级性和意识形态性。在阶级社会里，思想政治教育实践活动具有鲜明的阶级目的性，就是要把统治阶级的意志通过意识形态传播这种方式予以实现。这就需要一定的组织和个人去具体实施传播意识形态方面的活动，同时也需要一定的受众群体去接受和消化统治阶级的意识形态。在这种具体的实践过程中，思想政治教育主客体就应运而生了。网络思想政治教育实践活动也是如此，具有鲜明的阶级性。它最终目的也是要把统治阶级的意志通过意识形态传播途径予以实现，只是采取的是网络这种载体和方式。另一方面，网络思想政治教育要遵循网络虚拟世界的准则、规范以及网络技术的特点和要求，而网络空间的虚拟性和隐匿性会对主客体的现实身份进行消解和解构，进而使传统的权威影响和中心地位在网络的冲击下变得不堪一击或不复存在，这又势必会影响意识形态传播的效果。这些现实情况都是网络思想政治教育主客体关系发展过程中必须要认清和认真对待的重要情况。

随着网络技术的发展，界面交互、虚拟交互等依赖于虚拟交往的实践活动能够超越现实世界时空限制而成为网络交往的鲜明特征，而由于网络思想政治教育的环境和方式发生了颠覆性的改变，网络思想政治教育主客体也可以借助网络交往的交互主体性来进行思想交往和精神交流。网络思想政治教育主客体之间不仅通过数字化、符号化的身份在虚拟空间开展交互活动，而且可以以实名制的身份进行思想交往，因此网络思想政治教育主客体关系之间的交互行为具有典型的双向性特征。

第三节　高校网络思想政治教育主体与客体的关系维护和开发

一、高校网络思想政治教育主体与客体的关系维护和开发的原则

网络思想政治教育主客体关系的好坏会直接影响甚至决定网络思想政治教育最终效果的好坏。网络思想政治教育主客体关系的维护与开发则需要遵从一定的原则，要想建立和谐共进的网络思想政治教育主客体关系必须遵从真诚对话、用心共情、频繁互动三个原则。

（一）真诚对话原则

在网络思想政治教育实践活动中，网络思想政治教育主客体之间的对话沟通是思想政治教育活动开展的基础和前提条件。网络思想政治教育主客体因为各种原因而在网络上建立联结关系。例如，网络思想政治教育客体在思想和价值方面存在困惑和疑虑，教育主体根据自身职责主动地去对网络思想政治教育客体进行教育和引导；或者网络思想政治教育主客体在网络活动中进行思想交往和精神交流。因此，网络思想政治主客体关系的建立是虚拟与现实、必然与偶然、组织化行为与个体化行为等因素相互交织和综合作用的结果。在网络环境下，网络思想政治教育主客体的对话沟通是在虚拟的情况下进行的，双方彼此的身份、性格、价值观等各方面处于一个未知的状态，那么网络思想政治教育主客体要想能够有效地进行对话和沟通的话，就必须要求双方坚持真诚的原则。网络思想政治教育客体要真诚地向网络思想政治教育主体敞开心扉，说出自己内心的真实想法；网络思想政治教育主体要真诚相待，高度重视网络思想政治教育客体的困惑与疑虑，认真对待，深入研究，利用自己的学识和能力有针对性地进行解答和指导。只有这样，网络思想政治教育主体才能真正帮助网络思想政治教育客体消除疑虑，树立正确的价值观念，同时得到网络思想政治教育客体的尊重和信任，使其自觉地接收网络思想政治教育主体发布的信息和传播的价值观念，进而让网络思想政治教育有序有效地进行。

（二）用心共情原则

网络思想政治教育主客体经过前期的真诚对话沟通之后就会进入深层

次思想和精神层面的交流阶段。在网络思想政治教育实践活动中，网络思想政治教育主体需要对实践活动进行设计、策划、组织和实施。在此过程中，网络思想政治教育主体需要坚持用心共情原则。网络思想政治教育主体可以根据网络思想政治教育客体的个性特点，通过网络平台设计一些有吸引力的活动来提高网络思想政治教育课堂的参与兴趣，提供一些话题度高并值得深入思考和探讨的主题来加强对网络思想政治教育客体的价值引领，利用短视频等新媒体与网络思想政治教育客体进行对话交流。网络思想政治教育主体还可以进入网络论坛直播平台等与网络思想政治教育客体进行直接对话。针对网络思想政治教育客体提出的实际问题和思想困惑，网络思想政治教育主体要设身处地换位思考并积极回应，站在网络思想政治教育客体的角度共情共鸣，用心与网络思想政治教育客体交流。同时，网络思想政治教育客体也要积极响应网络思想政治教育主体精心设计的活动，用心去参与，用心去感受，用心去对话，力争实现网络思想政治教育主客体在心与心的交流对话中碰撞出思想的火花，达到网络思想政治教育理想的效果。

（三）频繁互动原则

网络思想政治教育主客体随着彼此真诚沟通、用心交流，就会出现关系相互联动、不断升华进而过渡到网络思想交往实践的高级阶段。在这一阶段，网络思想政治教育主客体自觉自愿且积极主动地进行频繁互动。网络思想政治教育主客体此时的沟通交流不再是完成任务有意识的交流，而是自发地来自灵魂深处和内在精神需求的深度思想沟通、精神交流以及交往实践。这个时候网络思想政治教育主客体的交往活动会进入一种常态化的规律性活动状态，网络思想政治教育主客体的互动也会越来越频繁，主客体双方在这种经常频繁的交互活动中也将不断增强自己的主体性力量，思想受到启迪，精神得到升华，交往实践能力获得提升。尤其是进入新时代，网络技术日新月异，科技迅猛发展，文化深度交融，经济社会改革不断向纵深推进，网络信息以爆炸式的态势在网络社会中涌现。倘若缺乏一定的信息采集、筛选、分析能力，人们就很有可能在如洪水猛兽般的信息浪潮中被淹没吞噬。因此，网络思想政治教育主客体需要频繁互动，随时随地交流对国内外形势、社会经济时事、热点事件等一系列信息的看法，从虚拟复杂、瞬息万变的网络世界中保持清醒的头脑和准确的判断能力，避免陷入网络的陷阱迷失自我。因此，网络思想政治教育主客体关系遵从频繁互动的原则，既是网络思想政治教育主客体自身发展的内在需要，也是网络技术革新的客观要求。

二、高校网络思想政治教育主体与客体的关系开发路径

网络思想政治教育主客体关系要想得到有效维护和长远发展，实现网络思想政治教育主客体关系的和谐共生目标，需要积极创建和谐环境、整合共生资源、搭建优化平台、完善发展条件。

（一）创建网络思想政治教育主客体关系的和谐环境

经济全球化日益突出，网络信息技术日新月异，网络将全世界的人们更紧密地联系在一起，网络也深刻地改变着人们的工作、学习、生活方式和思维模式。网络在给人们带来便利的同时，网络安全问题也愈发凸显。那么，安全文明的网络环境则是和谐共生的网络思想政治教育主客体关系得以维护和发展的重要支撑与保障。

我们需要辩证地看待网络思想政治教育环境对网络思想政治教育主客体关系的影响。环境对人的发展具有重大的影响作用，安全文明的网络环境是网络思想政治教育主客体关系有效维护和良性发展的前提条件。网络思想政治教育环境的特点决定了其对网络思想政治教育主客体的关系影响巨大，因此了解网络思想政治教育环境非常关键。一是网络思想政治教育环境具有虚拟性，虚拟的网络环境给予了人们极大的交往自由，也激发了人们的主体性，人与人之间的沟通交流也变得无比顺畅，彻底改变了传统思想政治教育权威、被动的局面。但是，这种毫无障碍的沟通交流却是以彼此戴着面具为基础的。在虚拟的网络社会里，身份、性格、价值观等个人信息都是隐匿的，这就会导致网民的社会责任感降低，违背道德良知的网络言行时常出现和发生。二是网络思想政治教育环境具有开放、复杂的特点。网络空间的开放性让人们之间的交往范围不断扩大至全世界范围，人们能够接触到更多更广的信息，了解到新鲜事物，同时私人空间也在不断受到挤压，传统观念受到冲击，现实社会关系也受到影响。西方发达资本主义国家也注意到了网络传播的特性而借助网络大肆地传播其政治文化

观念和价值观，严重冲击了我国社会主义文化和社会主义核心价值观的主导地位。网络社会中海量信息不断涌现，这些信息中掺杂了各种各样良莠不齐的信息，有些不良信息甚至会严重影响广大网民特别是青少年网民的身心健康。三是网络环境具有自由交互性。在网络社会里，网民可以突破时空限制随时随地进行信息交流，可以根据自己的需要在网上获取想要的信息，可以在网络社交平台发表自身的看法与意见，可以参加各种网络实践活动进行信息交流互动。但是，在网络思想政治教育环境下，现实社会中的各种利益冲突和矛盾在网络中直播并被无限放大，社会舆论难以把控等会给社会的安定和谐带来困扰。网络信息中也存在黄色、暴力等有害信息，还有西方国家的文化渗透和信息霸权等都给网络安全带来了隐患。

网络思想政治教育环境的这些特点决定了其对网络思想政治教育主客体具有正反两方面的影响。从积极的影响来看，一是提升了网络思想政治教育主客体的综合素质。网络思想政治教育的开放环境为网络思想政治教育主客体提供了丰富的信息、便利的工具和畅通的交流，突破时空限制，让网络思想政治教育主客体感受多元文化的熏陶，体会前沿技术带给生活的便利，参与时事热点的讨论。这既让网络思想政治教育主客体的精神文化需求得到极大的满足，又提升了其交际能力，激发了其积极思考和探索新知的欲望，在潜移默化中使综合素质得到极大提升。二是增强了网络思想政治教育客体的主体性。网络思想政治教育的交互环境需要网络思想政治教育客体主动积极地去探索未知领域，自主参与网络思想政治教育实践活动，自由筛选信息和传播信息，并进行信息的及时反馈与互动。在这一过程中，网络思想政治教育客体必须增强主体意识，自觉完成价值选择和实施道德行为。三是有利于网络思想政治教育主客体养成终身学习的习惯。网络思想政治教育环境的自由性使网络思想政治教育主客体拥有终身学习的机会。在网络思想政治教育环境下，网络思想政治教育主客体可以聆听学术大师的讲座，可以参与学术活动讨论，可以进入资料库学习知识，可以进行互动式学习。网络思想政治教育主客体完全可以颠覆学习时空和场域的限制，根据自身的需求制订计划、确定目标，分步骤地进行学习，让随时随地学习和终身学习变为现实。从消极的影响来看，一是容易引起网络思想政治教育客体思想混乱和价值困惑。由于经济的全球化和网络技术的快速发展，西方国家的自由化思想和社会思潮乘势而入，大量的多元化价值观出现在网络环境中。在这些思想和观念面前，网络思想政治教育客体很容易出现思想混乱和价值困惑，从而影响其信息选择、价值判断和行为规范。二是容易导致网络思想政治教育客体的网络言行失范。在网络思想政治教育环境中，人与人之间的交往具有虚拟性和隐匿性。目前，关于网络规范的相关法律法规尚不完备，有些法规虽然制定出台了，但实施起来难度较大，无法对网民的言行进行有效的监督和管理，另外，网络环境中具有普遍约束力的道德规则还没有建立起来，这就很容易让网络思想政治教育客体产生“想干什么就干什么”的感觉和冲动。加上在网络社会中身份、性格、价值观等个人信息都是隐匿的，从而使得网络思想政治教育客体的社会责任感降低，甚至出现违背道德良知的网络言行。

我们需要积极创建安全文明的网络思想政治教育主客体关系的外部环境。创建安全文明的网络思想政治教育主客体关系的外部环境是网络思想政治教育主客体关系维护和发展的前提。创建安全文明的网络思想政治教育主客体关系的外部环境，需从以下四个方面着手：一是需要提升广大网民的网络法律道德修养。网络环境的创建和现实社会一样需要从法律和道德两个层面进行规范，做到双管齐下。我国网民人数众多，但网络法律普及率相对较低，网民信息素质普遍偏低，这导致网络环境创建困难，网络资源利用率不高，网络思想政治教育效果不强。因此，我国急需建立健全网络安全方面的法律法规，加大网络科技教育事业的投入，加强对网民信息技术、网络法律知识、信息道德品质等方面的教育和培养，帮助网民掌握网络技术，提高网络资源利用率，帮助网民树立网络安全法律法规意识，使网民自觉规范自己的行为，帮助网民提升信息道德修养和增强网络社会责任意识。二是要构筑网络安全技术网，加强对不良信息的管控。网络技术给人们的工作、学习和生活带来了便利，但是网络空间中的海量信息是良莠不齐的，有各种有利于网民学习、提升自我的知识信息，有热点时事帮助人们了解社会经济发展的新闻信息，有娱乐人们精神生活的文化信息，有各种有害信息甚至违法信息掺杂在网络空间中。这些有害信息不仅给广大网民尤其是青少年网民造成身心健康方面的损害，更破坏了社会的安定和谐。因此，我国需要构筑网络安全网，加强网络信息管控，清除这些不良信息，净化网络环境。具体来说，一方面，我国要加强网络安全技术方面的研发。无论是黑客的攻击还是网络病毒的侵袭，都需要提升网络安全技术水平。我国必须通过开发杀毒软件、升级换代网络防火墙、建立网络安全技术体系等举措，来消除危害经济社会发展和人民身心健康的不良信息。另一方面，网民在使用网络的过程中要提高警惕，遇到不良信息要及时进行投诉。我们应号召全体网民一旦发现网上出现不良信息或违法言行时进行反馈和投诉，网络工作人员根据网民投诉的情况和问题同步分析、及时解决问题。三是建立健全网络法律制度，加大依法治网力度。我们要从信息产业健康发展、网络信息从业单位的行业自律、网络信息安全保障体系、网络传播机制管理以及国际网络信息规则制定等全方位通盘考虑，全面立法和参与规则制定，并且要切实做到有法必依、执法必严，给那些在网上违法犯罪的个体或组织机构沉重的打击。四是要加强网络文化建设和网络舆情引导。网络文化作为精神文明建设的新领域，在新时代我国文化建设中占据着重要地位。我们应该用社会主义先进文化和中华优秀传统文化去抢占网络文化阵地，在国际上讲好中国故事，塑造中国形象，在国内传承中华文明，延续民族经典。另外，网络社会的吸引力构成复杂，各种信息良莠不齐，一些时事热点和话题稍不注意就会引起舆情。而舆情的自发性和内容的非理性成分致使其在反映公众意见时掺杂了各种各样的观点，对事态的发展和整个网络环境以及网民的身心健康都产生了较大影响。因此，我们需要将网络文化建设的主动权牢牢抓住，对网民的言论密切关注并加以引导，同时让网络思想政治教育主体在网络上传播具有正能量的积极信息，驳斥不良信息，形成风清气正的网络舆论环境。

综上所述，安全文明的网络思想政治教育主客体关系的外部环境的创建需要多措并举、多管齐下，需要全社会共同参与做好此项重要工作。

（二）整合网络思想政治教育主客关系的共生资源

网络思想政治教育主客体关系是在网络思想政治教育实践活动中逐步形成和发展的，同时和谐共生的网络思想政治教育主客体关系又是网络思想政治教育实践活动成功的关键。和谐共生的网络思想政治教育主客体关系需要整合多方面的资源和力量来联合发力共同创建。一是需要主管部门领导重视和落实。网络思想政治教育主客体关系的创建是一项具有全局性和战略性的工作，需要相关部门领导高度重视、统筹协调、层层把关、狠抓落实，把相关部门和机构的职能整合起来形成合力。此外，主管部门领导要特别注意抓好网络舆论引导的领导权和话语权，主动占领网络这个舆论斗争的主战场，加强网上思想文化阵地建设，传播正能量、弘扬主旋律，让网络思想政治教育主客体在一个良好的管理生态和政治生态中自由交流、愉快互动，进而达成一种和谐融洽、共同发展的网络主客体关系状态。二是需要充分发挥网络思想政治教育主体精准育人的能力。网络思想政治教育主客体关系实现和谐共生很大程度上取决于网络思想政治教育主体的育人活动。目前，网络思想政治教育主体存在网络技术运用能力与思想政治教育引导能力无法统一。不少精通复杂网络系统技术的人思想政治素质不够高，而思想政治教育能力较强的人往往又不精通复杂的网络技术。这就造成网络思想政治教育主体对网络思想政治教育客体关于思想混乱和价值观困惑等方面的精准教育引导不够，从而影响网络思想政治教育主客体关系的维护和发展。随着我们进入大数据时代，大数据时代有大量的错综复杂的信息需要我们去接收和处理，同时还有黑客和一些非法组织对个人隐私和信息的侵袭。这就对网络思想政治教育主体信息处理能力和信息安全意识等方面提出了更高的要求。因此，在大数据时代，网络思想政治教育需要网络思想政治教育主体既要政治立场坚定、道德水平高、业务能力强，还需了解网络数据，具备大数据处理分析能力。只有这样，才能精准地教育引导网络思想政治教育客体，真正实现教育主客体之间的和谐共生。三是充分利用新媒体在网络思想政治教育主客体关系中的融合作用。网络思想政治教育实践活动是在网络虚拟空间进行的，是需要新媒体技术进行支撑的。网络思想政治教育主体和客体的思想交往与精神交流都是通过新媒体这个载体来实现的，充分运用各种新媒体、掌握网络技术，对网络思想政治教育主客体关系的维护和发展至关重要。因此，我们要特别重视新媒体在网络思想政治教育主客体关系中的融合作用，为网络思想政治教育主客体关系的和谐共生创造条件。

（三）搭建网络思想政治教育主客关系的优化平台

思想政治教育软件和网站是网络思想政治教育主客体关系维系和发展的平台，优化思想政治教育软件和相关网站对创建和谐共生的网络思想政治教育主客体关系来说至关重要。第一，思想政治教育方面的软件在网络思想政治教育实践活动中发挥着重要作用，软件中蕴含的各种世界观、人生观、价值观、历史观和政治观等在网民的直接反复使用中必然会对广大网民产生潜移默化的教育和影响。在网络活动中，教育主体应该根据广大网民尤其是青少年网民的兴趣爱好，在思想政治教育软件中加入一些时尚、有趣的元素，主动研发和推广一些集思想性、政治性、价值性和趣味性于一体的思想政治教育软件，使网民们在轻松愉悦的活动中尽享网络世界的乐趣和自觉接受科学正确的信息和思想观念。第二，网络思想政治教育主客体进行思想交往和精神交流的一大平台就是网站。内容新颖、形式丰富的网站往往会带来较高的点击率，也会具有强大的感召力和影响力。思想政治教育网站的建设要根据时代发展的需要，除常规的理论学习类网站外，还要根据广大网民特别是青少年网民的现实需要不断进行内容和形式上的创新，增强网站的感染力和吸引力，不断拓展网络思想政治教育主客体进行沟通交流的互动平台，从而推进网络思想政治教育主客体关系朝纵深方向发展，让网络思想政治教育主客体在更大更广的网络平台上实现真正的和谐共生。

（四）完善网络思想政治教育主客体关系的发展条件

随着网络技术的不断革新和思想政治教育的不断发展，网络思想政治教育主客体关系也一直处于不断融合发展之中。因此，创造和完善网络思想政治教育主客体关系的发展条件对于网络思想政治教育的创新来说非常关键。安全的网络空间是网络思想政治教育主客体关系发展的保证。网络技术在飞速发展，新媒体在广泛应用，但是网络所具有的虚拟性、隐匿性、信息海量性和混杂性却一直没有变。无论是在网站上还是各类软件上，都存在信息良莠不齐的明显特点。有些网民利用网络的这些特点浑水摸鱼，传播谣言，泄露他人隐私信息甚至还有进行网络攻击等网络暴力行为。还有一些国家和组织借助网络这个大平台实行“西化”“分化”等“和平演变”，企图破坏我国祖国统一和安定团结。针对这些不良信息和违法行为，我们要及时通过运用法律武器进行彻底清理，创建安全的网络空间，为网络思想政治教育主客体关系的发展保驾护航。

先进的网络文化是网络思想政治教育主客体关系发展的助力。目前，我国网络文化建设尤其是高校网络文化建设还有待加强，在网络文化内容建设、阵地建设、队伍建设等方面还存在短板。一是在内容建设方面，网络文化内容的趣味性、感染力、吸引力等有待提升。我们需要根据广大网民的兴趣爱好用民众喜爱的语言制作一些大家喜闻乐见的网络文化作品，同时还要畅通网络文化作品发行、点击、浏览等方面的传播机制。此外，网络文化认证平台也需要完善。我们要让更多更优秀的、权威的、有专业能力的专家学者能够在网络平台上发声，发挥其影响力。二是在阵地建设方面，网络思想政治教育主体需要真正掌握网络意识形态的话语权和领导权。我们要避免网上宣传存在导向、标准、要求上随意“放水”的倾向，避免通过“爆猛料”“标题党”等方式哗众取宠、吸引眼球，扰乱网络秩序，从而对网络思想政治教育主客体关系的发展产生影响。三是在队伍建设方面，高校网络文化建设在宣传、技术研发、培训、考核等方面缺乏专业的人员和制度。现有的网络文化建设管理队伍里既有专业能力又懂网络技术的人员并不多，这将对网络文化建设的成效产生影响。另外，网络文化建设队伍的评价考核、培养晋升、激励机制需要进一步完善，进而激发网络文化建设工作者的积极性和创造性。

综上所述，网络思想政治教育主体要积极主动地创作、发现和推进优秀的网络文化作品，用先进的网络文化去鼓舞人、感染人、熏陶人，让网络思想政治教育主客体关系在网络文化的滋养中不断发展。

第三章
高校网络思想政治教育内容研究

第一节　高校网络思想政治教育内容的优化

随着互联网信息技术的发展、智能化移动设备在高校的普及和更新，网络社会成为大学生生活、学习、社交、发展的重要领域，对大学生思想品德形成、社会价值体系构建、社会人际交往互动等都有着至关重要的影响。无论互联网信息技术如何发展，其只是充当媒体媒介，即发挥着信息传播教育的平台功能和载体功能，而能够真正影响大学生思维方式、道德修养、理想信念、价值观念等的还是发挥根本性作用的网络传播内容。大学生网络思想政治教育的内容是大学生网络思想政治教育工作中的核心要素，对提升大学生网络思想政治教育实效性具有重要意义。

一、高校网络思想政治教育内容的特征

网络思想政治教育是在传统思想政治教育的基础上发展起来的，是对传统思想政治教育的延伸和发展。因为网络思想政治教育依赖于网络技术，所以网络思想政治教育也由于网络的特殊性而具有自身鲜明的特点。

（一）网络思想政治教育内容的海量性

网络技术的发展给人们的工作、学习、生活带来了极大的便利，很重要的原因就是网络给人们提供了海量的信息，满足了人们各方面资讯的需求。与此同时，网络社会又是开放的、无边界的、交互的。人们只要有电脑、手机等网络硬件，掌握一定的网络技术，便可以进入网络社会，接触海量信息，甚至还可以发表自己的观点，与他人进行思想交往和精神交流，不自觉地处于网络文化的熏陶之中。网络存储空间的无限性造成网络信息具有海量性。同时，网络储存空间的这种无限也给信息内容的不断丰富提供了可能。网络思想政治教育可以充分利用网络这一优势，不断丰富优化网络思想政治教育内容，让受教育者拥有更多信息，满足受教育者对内容的全面性的需要，能够丰富受教育者的精神世界，能够帮助受教育者树立正确的世界观、人生观、价值观，能够帮助受教育者做出更好的决定，对社会施加更好的影响。

进入新时代，世界各国经济文化交流日益密切，我国经济社会改革进入纵深阶段，网络技术不断革新，人们的精神文化需求也日益多样化。因此，高校网络思想政治教育也必须紧跟时代步伐，立足新时代大学生精神文化实际需要，将网络思想政治教育内容从传统的平面、静态、现实空转向立体、动态、超时空，充分依托网络技术载体，利用网络社会中海量信息开发蕴含正确价值导向的网络资源，构建丰富的网络思想政治教育内容体系，提升大学生筛选信息的能力、辨别信息的能力，提升大学生媒介素养，帮助大学生树立正确的价值取向，自觉规范自身在网络社会中的言行。

（二）网络思想政治教育内容的多元化

网络社会不仅是对现实社会的延伸，还是对现实社会的投射，现实社会的价值体系也会在网络社会中得到体现。一方面，当今社会，经济全球化趋势加剧，国内社会改革已经进入纵深阶段。无论是国际还是国内，社会的政治格局、经济格局、文化格局都发生了明显的变化，社会利益阶层复杂多变，社会价值体系呈现多元化的特点。现实社会价值体系的多元化投射在网络社会中也导致网络文化和网络社会价值体系的多元化。另一方面，网络是社会价值体系传播的重要渠道和载体，网络技术的快速发展尤其是新媒体技术的日新月异有力地推动了社会价值体系的多元化发展。另外，网络社会的开放性和低门槛，让“全民写作时代”已经到来，每个人都可以成为一个自由发声的“自媒体”。这样就导致网络信息内容发布多元化、手段多样性、容量丰富性，使得传播的内容及其隐含的价值体系呈现出前所未有的多样性。在网络社会中，人与人之间的思想交往、精神交流过程中的讨论与互动也会带来多元价值观的互动与碰撞。在网络社会中，这些蕴含多元价值体系的信息都可以作为网络思想政治教育的鲜活内容。大学生作为网络活动的主要参与者，同时也是网络思想政治教育的受教育者。在网络社会中，他们接收信息、发布信息和彼此的讨论交流，从而受到这些多元的网络思想政治教育内容的熏陶。他们的世界观、人生观、价值观在潜移默化中受到影响。

（三）网络思想政治教育内容的可变性

伴随着网络技术飞速发展的是网络信息的瞬息万变。在网络信息传播手段中，超链接可以通过改变传播结构让网络文本在写作与阅读等方面与传统文本产生根本性的区别，从而提高信息传播的效率。在传统的媒体中，文本或节目都是以线性的结构传播的。报纸上的文章由文字以固定顺序形成，人们的阅读也就只能沿着这个固定顺序进行。在广播电视节目中，这种线性特征表现得更为显著。但是，在网络中，信息之间的关系可以被看成网状的，信息之间往往存在着多样化的联系。人们只要点击那些下划线，也就是设置了超链接的地方，就可以从一篇稿件跳转到另一篇稿件，从一个网站跳转到另一个网站，传统的线性阅读习惯在一定程度上被打破了。从信息传播方面看，超链接打破了传统信息文本的线性结构，使信息不断跳转、变化。

以计算机技术为基础的数字传播技术，克服了传统信息传播技术的种种障碍，发展十分迅速。著名的摩尔定律称，计算机芯片的集成度每 18 个月就会翻一番，这将使得计算机的处理能力急剧扩展。伴随着计算机技术的不断更新换代，技术的成本却在不断降低。因此，电脑、手机、数码相机等相关设备越来越成为大众化的设备。与此同时，数字技术在操作、使用等方面也越来越简单，过去只有专业人员通过专业学习才能掌握的信息处理、发布技术，现在已经越来越平民化，因此使传播效率大大提高。由此造成的后果之一就是网络信息真假难辨、鱼龙混杂，稍不留神就会陷入虚假信息的陷阱。

二、高校网络思想政治教育内容的优化原则

网络思想政治教育内容的优化既要紧跟时代的步伐，又要满足新时代大学生全面发展的需求，因此，需要遵循以下三个方面的原则，才能达到更好的优化效果。

（一）坚持贴近生活的原则

思想政治教育来自现实生活，现实生活是思想政治教育的出发点和落脚点。高校网络思想政治教育正是为了帮助大学生解决思想价值观方面的困惑，树立正确的世界观、人生观、价值观，以便更好地学习、生活。正如斯宾塞所言，教育的目标就是每一个人的“完满生活”或幸福，教育就是为个人的“完满生活”做准备①。高校网络思想政治教育的最终旨归指向丰富多彩的现实生活。只有落脚于生活实际，致力于推动日常生活的发展，提升受教育者在生活中的幸福感才是有价值的。在我国的网民中，高校学生占据的比重较高，小到打车、听音乐、看视频、叫外卖、购物，大到教育、理财、旅行、交友，互联网已经融入大学生学习生活的方方面面。大学生在网络生活中的需求是多方面、多维度的，要符合受教育者需求，就要贴近其现实生活。在纷繁复杂的网络社会中，网络思想政治教育的内容如果脱离了生活，就剥离了思想政治教育的底蕴，包装得再华丽也无法赢得忠实的观众。因此，只有贴近生活的网络思想政治教育，才是为当代青年所需要的、受他们欢迎的教育。虽然目前网络思想政治教育相比于传统思想政治教育更贴近生活了，但是贴合度不够、缺乏深入的挖掘。贴近生活，不能只局限于讲故事、举例子，要在讲述中深入透彻地剖析生活，以此对大学生进行明确的价值引导，提供实用的建议和方向性的指导。例如，网络思想政治教育通过研究大学生网络消费的特点、趋势以及消费心理等影响因素，帮助大学生树立正确的消费观；通过研究网络游戏

---

① 斯宾塞. 斯宾塞教育论著选［M］. 胡毅，王承旭，译. 北京：人民教育出版社，2005：31.

帮助大学生树立正确的娱乐观；通过网络生活中的诈骗和违纪行为的分析，提高大学生的鉴别力和警惕性。

（二）坚持给予人文关怀的原则

思想政治教育是一项充满人文关怀的工作，主要是要帮助人们解决思想和价值观念困惑，坚定政治理想信念，树立正确的世界观、人生观、价值观。如果思想政治教育只是传授知识，缺少人文关怀，那么思想政治教育的目标就不能实现。传统思想政治教育非常强调教师的权威性，学生更多的是被动地接受知识、服从管理，这种高高在上的命令和抽象的理论只会让学生成为学习的工具人，也会削弱学生的积极性和主动性，更不用说让学生将道德理论铭记于心，内化于行了。思想政治教育应该是充满温度的，是需要以理服人、以情感人、以爱化人的工作，应该围绕学生、关照学生、服务学生。每一名大学生都是有情感的人，也是有情感需求的人，教育者应该尊重每一名大学生，和他们平等对话，了解他们学习和生活的实际，及时回应他们的情感需求。教育者要坚持尊重学生，平等对话。人文关怀主要包括尊重人、关心人、爱护人，以人为本，以人的需要作为工作的出发点和最终归宿。网络思想政治教育内容的优化也要尊重新时代大学生的实际情感需要。网络技术的发展为人文关怀的践行提供了有利契机。在网络社会中，每个人都以平等的身份自由选择各种网络信息、参与各种网络活动，人与人之间的距离被缩短，沟通和交流也更便捷。因此，网络思想政治教育更能让教育者与受教育者以平等的身份对话交流，坦诚相待。教育者要坚持用心用情交流。人文关怀最关键的是讲究情感性。网络思想政治教育可以利用网络的交互性及时地了解新时代大学生的所思所想，选择具有感染力和共情力的思想政治教育内容，及时进行精神沟通和心灵互动，实现情感共鸣，进而认真剖析，跟踪指导，做到以情感人、以理服人、情通理达、情理交融，要让大学生感受到情感支持和温暖，帮助大学生解答思想、情感方面的困惑。

（三）坚持紧跟时代步伐的原则

时代在发展，社会在变迁，每个时代都有每个时代的精神，每个时代都有每个时代的价值观念。网络思想政治教育内容优化必须紧跟时代步伐，才能让网络思想政治教育永葆生机、充满活力。时代的发展改变着人们生活的方方面面，从物质到精神，从社会到个人。在当今这个信息技术飞速发展的时代，网络社会伴随着时代的发展，悄然延伸至人们工作、学习、生活的现实社会。网络社会瞬息万变，让人们的生活丰富多彩，充满无限可能。在新时代，大学生无论是从在网上查阅资料，还是消费购物、人际交往，无一不受网络社会的影响。时代的发展不仅改变着大学生的生活方式，也改变着大学生的价值观念。网络思想政治教育内容优化必须与时俱进，紧跟时代步伐。网络思想政治教育内容必须紧握时代脉搏，反映时代特点，才能具有说服力和吸引力，才能保住阵地、抓住民心。一方面，网络思想政治教育内容要紧扣时代主旋律，用习近平新时代中国特色社会主义思想来指导网络思想政治教育内容的优化。习近平新时代中国特色社会主义思想体现了马克思主义理论与时俱进的品质，是新时代的重要指导思想。高校网络思想政治教育必须以网络为依托，用习近平新时代中国特色社会主义思想武装新时代大学生。另一方面，高校网络思想政治教育要充分注重大学生的实际需要，选取大学生最关注的、富有时代感的新鲜热点话题，及时发声、给予引导，使教育内容能够体现时代变化、展示时代精神、解答时代课题，充满生活色彩、富有时代气息、反映社会本质，从而拉近网络思想政治教育与青年学生在时空和心理上的距离，使受教育者在不知不觉中受到教育，不断提高教育的实效性。

三、高校网络思想政治教育内容的优化思路

当前，国际国内形势都发生了翻天覆地的变化，网络技术日新月异，经济社会急剧变革，时代的变迁和环境的变化都让新时代大学生的思想和价值观念受到巨大的影响。高校网络思想政治教育内容是高校网络思想政治教育工作的核心要素，自然是要因时而变、因势而新。网络思想政治教育内容的优化需要从以下几个方面进行：

（一）网络“三观”教育

当代大学生是伴随着网络技术的发展成长起来的一代，因此当代大学生是名副其实的网络青年群体。他们中的大多数人已经能够熟练掌握网络技术，在网络社会中能够运用各种网络应用程序和新媒体等开展思想交往方面的各种网络活动。大学生在互联网上应具备正确的网络世界观、网络

人生观、网络价值观。网络“三观”教育是大学生网络思想政治教育的“总开关”问题，是应当突出的主导性教育内容。

首先是网络世界观。网络世界观是人们对网络本质、网络世界与现实世界的关系、人的本质在网络社会中的表征等的认识，它影响着大学生的世界观、人生观、价值观、道德观、法律观等思想观念，进而影响大学生在网络中的行为方式。网络因其信息的海量性、身份的隐匿性、交互的及时性等特点得到当代大学生的喜爱，甚至有人沉溺其中。网络社会提供的自由空间满足了他们不受约束、张扬个性、表达自我的强烈愿望。但是，大部分大学生对网络缺乏冷静科学的思考分析，往往只是凭直觉、热情去理解和把握网络世界，因此形成模糊、扭曲甚至错误的认识。我们必须加强对当代大学生的网络思想政治教育，使之树立正确、科学、理性的网络世界观。正确的网络世界观就是要让大学生对网络世界有科学理性的认知，要认识到无论网络技术多么先进发达，网络社会始终是现实生活的延伸和投射，是反映现实的虚拟世界。网络与现实世界有千丝万缕的联系，不能脱离现实世界而存在。在网络社会中，人的本质属性依然是一切社会关系的总和。

其次是网络人生观。青年大学生正处于人生的拔节孕穗期，人生观还没有成型。部分大学生在现实生活中对自己的人生存在许多困惑与迷茫，而网络的自由性和开放性让大学生感受到了在现实世界难以体会到的成就感、满足感，于是很多大学生在苦闷的时候选择到网络社会宣泄情绪，甚至有的大学生将网络社会当成逃避现实的避难所。他们选择迷恋网络，心甘情愿地被网络绑架，沉迷其中、无法自拔。于是，他们逐渐脱离了现实世界，迷失了自我和人生的方向，网络生活超越甚至取代了他们的现实生活，使得他们脱离现实、背叛生活，变得消极、颓废，最终会因不适应社会而被抛弃，甚至造成人格扭曲、心理障碍，成为被网络“异化”的非正常人。网络思想政治教育就是要帮助当代大学生树立正确的网络人生观。一是网络思想政治教育要让当代大学生认识到网络世界与现实世界紧密相连，虚拟世界是现实世界的延伸，网络人生观是人在现实世界中人生追求的折射。大学生在现实社会中要树立远大的理想信念，确立自己的人生目标，规划自己的学习生活。这些人生追求也可以融入网络世界中，借助网络技术的力量让这些追求更加精彩并更好地得以实现。二是网络思想政治教育要让当代大学生意识到网络世界和现实世界也存在矛盾冲突。网络世界是现实世界在虚拟空间的投射，可以并存发展，但网络世界不能脱离现实世界而独立存在。人生价值的实现可以借助网络技术的力量，但终究要立足于现实世界。

最后是网络价值观。大学生网络价值观决定着他们在运用网络时选择应该做什么、不应该做什么。正确的网络价值观可以使大学生正确、合理、健康地使用网络，错误的网络价值观会影响大学生的身心健康，甚至会引发网络暴力、网络犯罪现象的出现。网络传播的平等性、开放性、互动性迎合了青年崇尚民主、自由、平等的价值观念。网络不仅改变了大学生的学习方式，也改变了大学生的生活娱乐方式。一方面，网络给当代大学生提供丰富的学习信息，给他们查阅资料、了解前沿资讯、拓展思维带来了极大的便利；另一方面，社交软件、游戏等娱乐生活资源又让部分大学生沉溺于虚拟社交和网络游戏不能自拔，严重影响了他们正常的学习生活和人际交往，最终导致病态人格、交往障碍等心理问题和违法犯罪等社会问题的发生。此外，部分大学生运用网络不是利用资源，而是将网络当成供自己消遣、娱乐的工具，这种娱乐化倾向养成了他们“泛娱乐化”的价值观念、游戏的人生态度，正是这种价值观倾向造成青年网络行为的随意和失范。网络价值观教育就是要改变传统思想政治教育那种强制性和权威性，以平等的身份通过当代大学生喜爱的方式和他们进行网络对话，帮助他们树立科学、正确的网络价值观。网络价值观教育最重要的是要激发当代大学生的主观能动性和创造性，让他们做网络的主人，引导大学生充分利用网络丰富的资源促进自身的全面发展。同时，网络价值观教育要充分发挥大学生自我管理、自我教育、自我监督的作用，使其自觉地规范网络行为。

（二）网络道德教育

内因在事物的发展过程中起决定作用，外因只有通过内因才能有效地发挥作用。网络由于其特性会对大学生产生重大影响，但大学生在网络上的行为更重要的是取决于自己的内心有没有正确的道德认识、强烈的网络责任意识、坚定的道德自律精神。网络道德是人们在网络社会中应当遵循的道德规范和行为准则的总和。虽然网络道德是基于网络空间产生的，与网络技术紧密相关，但是网络道德的主体依然是现实社会中有意识、有需求、有情感和有行为能力的人。网络道德与现实中的道德密切相关，是现实道德的延伸和扩展。但两者不同的是，现实社会中的道德注重依靠社会舆论、风俗习惯来调节公民行为，而网络道德主要通过网民的自律来实现。与现实社会相比，网络环境更加宽松自由，更加多元化，而大学生接受新事物较快，容易受不良思想的影响，同时好奇心强、自制力差，因此更容易造成其个体道德行为出现某种程度的失控，即道德行为失范。大学生网络道德教育就是要通过完善其网络道德认知，激发正向效应的网络道德情感、提升网络道德意志、纠正大学生的网络行为偏差，促使其在网络中做出理性、自觉的道德行为选择，进而培育其强烈的网络主体意识和崇高的网络道德人格。

首先，提高大学生的网络道德认知能力。在网络世界里，优劣信息的界限模糊，部分大学生往往难以分辨。大学生每小时在网络上可以浏览到数以千计的信息，其中可能是研究成果，也可能是新闻、一些人的观点和牢骚，甚至是无稽之谈。有的大学生还来不及区分这些信息的是与非、对与错，还没有能力分辨出哪些可以接受、哪些应该摒弃，就不自觉地吸收了这些信息，特别是对网上宣扬的各种各样的道德观、价值观缺乏辨别、筛选能力。面对网络世界里海量信息造成的“信息污染”，很多大学生由于缺乏“免疫能力”而容易“中毒”，陷入道德相对主义和个人主义。因此，网络道德教育要提高大学生网络道德认知能力对抗多元化思想对主流道德观的弱化。一是网络道德教育要让大学生意识到不能割裂网络世界和现实世界的联系。在网络社会中，大学生需要像在现实世界中那样依靠道德规范和社会舆论来规范言行。共青团中央、教育部等八部门联合发布了《全国青少年网络文明公约》，对青少年的网络行为提出了明确的道德要求。网络道德教育需要在大学生中大力宣传《全国青少年网络文明公约》，帮助当代大学生树立强烈的网络道德意识，避免网络道德行为失范。二是网络道德教育要让大学生提高网络道德鉴别能力。在这个网络技术飞速发展的时代，大学生处在十分复杂的道德情境之中，互联网上的海量信息鱼龙混杂，有与社会所提倡的道德原则、道德价值取向相一致的积极信息，也有与社会提倡的道德原则、道德价值取向相悖的消极信息。处在这些信息的包围之中的大学生就必须要具备一定的鉴别能力，要能够识别网络暴力、泄露隐私、网络钓鱼、恶意软件、垃圾邮件等安全风险，甄别有害信息，防止网络行为偏差。

其次，增强大学生的网络责任意识。责任感在道德品质中占据更重要的地位，缺乏责任感会导致严重的后果。在网络上，一些大学生不辨真伪，四处散布小道消息，传播不良信息；为了赢得关注、认可，不负责任地恶意炒作、转发；为了宣泄个人情绪，对看不惯的人和事随意谩骂侮辱，把网络当成泄愤的“情绪公厕”，语言暴力现象严重。这些都是在虚拟的网络环境下大学生缺乏社会责任感的表现，这种不负责任的言行对网络环境造成了极其恶劣的影响，严重扰乱了网络秩序。现代社会是一个信息极度发达的社会，网络与大学生的学习生活密切相关。要引导大学生塑造网络道德自律的道德品质，就必须注重大学生道德责任感的培育。大学生只有具有道德责任感，才会在网上自觉地遵守网络规范，规范自己的言行，做一个文明的网民，进而在网络社会倡导言行举止文明，做负责任的网民，带动网络社会树立文明之风。2013 年召开的“网络社会名人论坛”一方面提出了“六点希望”，分别是担负更多社会责任、自觉维护国家利益、传播社会主义先进文化、遵守法律和道德规范、倡导社会诚信、维护公民个人合法权益；另一方面提出了“七条底线”，分别是法律法规底线、社会主义制度底线、国家利益底线、公民合法权益底线、社会公共秩序底线、道德风尚底线、信息真实性底线。这也应当成为对大学生网络道德教育的要求和标准。大学生应当以高度的责任意识致力于构建和改善网络社会公共秩序，维护网络社会安定和谐。

最后，培育大学生的网络自律精神。在网络社会中，匿名性会使“道德他律”难以奏效。匿名性可以让网络社会中的人们隐藏自己的真实身份，在网络平台上做自己想做的事、说自己想说的话，不用担心被识别，更不会出现现实生活中的直接的社会层面的监督、批评和惩罚。这样一来，匿名性就会带来“去抑制效应”，规避了社会规范和道德约束对网络参与者的影响，匿名的网络身份从技术层面让人可以在网上做出违反道德规范的行为。由此可以看出，他律是对个体的外在约束，在具有匿名性的网络社会中发挥的作用十分有限，只有自律才能更好地发挥人的主观能动性，从根本上杜绝网络行为失范。

道德自律品格的生成是个体把外部的道德规范转化为自我内在的道德需要，没有任何外在的强迫，出自自我道德情感基础上的自由自主的活动，并且稳定而持久地遵守和践行。可以说，道德自律品格的生成是形成的一种道德习惯。这也表明大学生综合道德素质得以提高，外在行为的自律和内在动机的自律达到了统一。具体来说，大学生生成了稳定持久的道德自律品格，就会时时、处处即使在别人看不到和听不到的情况下，也能自我约束、自主反省、自觉地规范自己的行为。例如，《中庸》中所说："道也者，不可须臾离也，可离非道也。是故君子戒慎乎其所不睹，恐惧乎其所不闻。莫见乎隐，莫显乎微，故君子慎其独也。"这就是我们通常所说的慎独的境界。要达到慎独的境界需要做好以下三个方面；一是引导学生进行自我反省。在上网的过程中，大学生要对自己的言行有一个自觉的认识，不断地检查自己的行为，主动地剖析自己，时刻规范自觉的言行。二是大学生要进行自我监督。网络空间具有隐蔽性、虚拟性等特点，每个人都可以在他人不在场的情况下活动，这就需要大学生进行自我监督，抑制不道德的念头和言行，树立自律意识，自觉维护网络文明。三是大学生要进行自我克制。网络空间的自由性与网络信息的海量性让大学生在互联网中面临各种各样的诱惑，稍有不慎，便有可能陷入不道德的泥潭。这就需要大学生坚定内心的道德信念，自觉地抵制各种诱惑，克制自己的不道德欲望。

（三）网络政治教育

网络政治教育主要是在网络社会中对网民进行政治理想、政治信念、政治方向、政治立场、政治观点、政治情感、政治纪律等方面的教育。具体来说，网络政治教育主要涉及爱国主义教育、社会主义教育，理想信念教育，党的基本理论、基本路线、基本方略教育，民主与法治教育，基本国情和形势政策教育等关系网民的立场、方向和道路问题的教育。在由互联网连接整个世界的网络社会中，每一个人既是信息的生产者又是信息的传播者，网络政治生态环境异常复杂，网络舆论风云变幻，各派政治观点众说纷纭，西方价值观念及文化思潮也趁机无孔不入。目前，比较有影响力的不良思潮主要有以下三种：一是“历史虚无主义”。其歪曲历史事实，扭曲历史人物，编造政治笑话、娱乐段子，制造所谓的“趣味性”，吸引大众眼球。二是“新自由主义”。其妄图撇开人的社会属性和在生产关系中的地位不谈，提倡自由放任的市场经济，大力倡导个人主义和私有化。三是所谓的“普世价值”。其试图在民主、自由、平等、人权等温情面纱的掩盖下宣扬西方价值观，实施“和平演变”的图谋。

这些不良思潮和主张都是违背社会主义核心价值观、反对四项基本原则、妄图扭转社会主义现代化建设方向的，目的是要试图将中国纳入西方价值体系。这些不良思潮和主张利用网络信息海量化、多元化、碎片化等特点打着文化交流、学术探讨等各种幌子在网站、微博、微信等平台大行其道，扰乱视听。网络上的政治观点和政治舆论是现实社会政治立场交锋、政治制度博弈、政治利益冲突的折射和反映。面对网络社会中这些带有面具的思潮和主张，政治敏锐度较弱、政治辨别能力较差的大学生很难辨别真伪，容易偏听偏信。他们很容易被政治舆论的表象迷惑，被一些政治观点左右，很难看到这些政治观点、政治舆论背后所隐藏的政治企图。一些大学生对网上西方价值观里宣称的一些自由主义、人权主义等盲目崇拜，点赞、转发一些历史翻案、嘲讽类文章，引起更多的混乱。有的大学生不仅成为价值观渗透的“牺牲品”，甚至还沦为了敌对势力的“代言人”。这对网络政治生态环境和我国的意识形态领域带来了极大的潜在危险，同时也对我国网民特别是大学生的政治立场、政治信念、政治观点等方面产生巨大的影响。大学生是我国社会主义事业的接班人，也是肩负中华民族伟大复兴使命的时代新人。因此，运用网络技术加强对大学生网络政治教育，帮助他们树立崇高的政治理想信念、拥有正确的政治观念、坚持正确的政治方向、坚定正确的政治立场非常重要。

首先，加强大学生思想政治理论教育。不论是在网络世界还是在现实世界，马克思主义都为我们提供了认识世界、改造世界的强大武器。马克思在《〈黑格尔法哲学批判〉导言》中曾经指出：“批判的武器当然不能代替武器的批判，物质力量只能用物质力量来摧毁，但是理论一经掌握群众，也会变成物质力量。理论只要说服人，就能掌握群众；而理论只要彻底，就能说服人。所谓彻底，就是抓住事物的根本。但人的根本就是人本身。”在披着光鲜外衣的不良思潮、主张面前，大学生之所以容易被迷惑，容易动摇立场，最主要的原因是当代大学生缺乏真正的思想武器——马克思主义理论。因此，加强大学生马克思主义理论教育是帮助他们获得抵御敌人糖衣炮弹的有力武器。马克思理论教育就是要用马克思主义和马克思主义中国化时代的理论成果武装当代大学生的头脑，让他们能够运用马克思主义的基本原理、基本立场、基本方法去分析问题、解决问题。例如，大学生要运用发展的、变化的、联系的眼光看待互联网中纷繁复杂的政治观点、社会思潮，透过现象看清事物的本质，透过本质抓住事物的变化规律，透过规律预见事物的发展趋势。网络思想政治教育者要引导大学生认清人类社会形态更替规律、资本主义发展规律和实现共产主义的必然趋势，使大学生认清中国和世界所处的现实阶段与未来的发展方向，帮助大学生坚定中国特色社会主义道路自信、理论自信、制度自信、文化自信，进而树立共产主义远大理想。同时，大学生要系统学习近平新时代中国特色社会主义思想，深刻体会马克思主义与时俱进的理论品格，了解我们党和国家取得的伟大历史成就，了解我国现在所处的阶段和面临的国内外形势，学习我们国家的总体布局和治国方略，树立实现社会主义现代化和中华民族伟大复兴的信心与使命。

其次，加强大学生网络意识形态安全教育。当今世界正经历百年未有之大变局，国际关系变化莫测，意识形态斗争愈演愈烈。随着网络技术的发展，互联网已成为各国占领意识形态主导权的主战场。西方国家一直寄希望于通过网络不断向我国进行意识形态方面的渗透，从而达到把中国纳入西方价值体系的目的。由此可以看出，网络意识形态的安全直接关系到国家政权的安全。当今大学生网络思想政治教育的关键就是要加强网络意识形态安全教育。具体来说，最重要的是在网络文化中牢牢树立主流意识形态的话语权。由于网络技术的便捷性，网络社会中各种思潮的交流交锋越来越频繁，西方不良思潮和价值观对我国的影响越来越大，非主流意识形态对主流意识形态空间的冲击和侵占越来越严重，牢固树立网络意识形态的话语权已经迫在眉睫。网络技术改变了大学生学习生活方式，从查阅学习资料到网上购物，从浏览新闻到网上点餐，大学生接触网络信息的机会越来越多，这就需要网络思想政治教育工作者充分利用网络的优势，通过网站、微博、微信、公众号、短视频等平台将主流意识形态融入大学生学习生活的方方面面，使之无处不在，无时不有，以“润物细无声”的方式渗透到大学生的内心世界。当出现网络舆论和焦点问题时，网络思想政治教育工作者需要旗帜鲜明地正面回应，摆事实、讲道理，用真理化解困惑，用事实展示主流意识形态的力量。同时，主流意识形态在融入大学生日常生活的过程中还要注意方式方法，要使用当代大学生都喜爱的网络语言，采取大学生喜闻乐见的形式去开展。习近平总书记在全国宣传思想工作会议上强调：“我们正在进行具有许多新的历史特点的伟大斗争，面临的挑战和困难前所未有，必须坚持巩固壮大主流思想舆论，弘扬主旋律，传播正能量，激发全社会团结奋进的强大力量。关键是要提高质量和水平，把握好时、度、效，增强引力和感染力，让群众爱听爱看、产生共鸣，充分发挥正面宣传鼓舞人、激励人的作用。”① 这就强调了在将意识形态融入大学生学习生活的时候一定要变换形式，增强吸引力和感染力，只有这样才会更容易为大学生所喜爱和接受。另外，网络思想政治教育工作者还要大力开展大学生网络安全法律法规教育。《中华人民共和国治安管理处罚法》《最高人民法院 最高人民检察院关于办理利用信息网络实施诽谤等刑事案件适用法律若干问题的解释》以及《中华人民共和国刑法》，都对编造虚假信息和明知是虚假信息故意在网络上传播造成扰乱社会秩序后果的行为视情节定罪处罚。因此，我们应大力开展网络安全法律法规教育，引导大学生遵守法律法规，认识到制造谣言、传播谣言也要承担法律责任，自觉做到不信谣不传谣，尤其是涉及国家安全、社会稳定、民族团结的文章、帖子一定要核实清楚，不随意点赞、转发。同时，对网络上出现的不实谣言和违法违规行为，大学生要敢于向公安机关举报。

最后，将文化自信融入大学生网络政治教育。随着网络技术的高速发展，西方资本主义国家的强势文化更进一步冲击着我国的文化。西方文化以各种形态通过网络、新媒体等涌入我国大学生的学习和生活中，并发挥其巨大的影响力，使广大网民在接触西方文化产品的过程中潜移默化地接

---

① 习近平在全国宣传思想工作会议上强调：胸怀大局把握大势着眼大事 努力把宣传思想工作做得更好［N］. 人民日报，2013-08-21（01）.

受了西方的生活方式、价值观念与审美情趣，不知不觉中被西方文化中所谓的自由、平等、博爱等价值观吸引甚至同化，这就让社会主义核心价值观的主导地位受到了威胁，同时也严重影响了我国的国家文化安全。“历史表明，社会主流文化强健有力，文化的多元和多样是一种有效的补充，反之，则是一种伤害。”① 文化富含宣传教育功能，人们通过文化娱乐、文化消费，潜移默化地接受文化知识、价值观念和人文精神的熏陶，从而产生对国家对社会的价值认同，形成一股凝聚力。因此，我们必须用社会主义核心价值观来引领网络文化，将国家的主流意识形态、民族文化传统和价值观念通过网络文化传递给当代大学生，用先进的文化将大学生凝聚在一起，让大学生自觉地产生文化自信。习近平总书记指出：“文化自信是一个国家、一个民族发展中更基本、更深沉、更持久的力量。”② 面对错综复杂的网络文化，大学生要有足够的文化自信，才能使道路自信更坚定、理论自信更理性、制度自信更有保障。只有对中华优秀传统文化、革命文化和社会主义先进文化保持坚定的自信、怀有深切的希望，大学生才能在面对各种舆论思潮时更加从容淡定，才能做出正确的价值选择，释放更多的正能量。文化自信源自中华民族5000多年的优秀传统文化，铸就于中国共产党领导人民在中国革命、建设和改革开放中形成的红色文化，根植于中国人民在中国特色社会主义伟大实践中创造出的社会主义先进文化。社会主义先进文化是以马克思主义为指导，以社会主义核心价值观为灵魂，面向现代化、面向世界、面向未来的民族的、科学的、大众的文化。作为社会主义先进文化的核心，社会主义核心价值观是社会主义制度的生命之魂，是社会主义主流意识形态的根本体现。网络政治教育要不断强化对青年社会主义核心价值观的教育引导、实践养成，把社会主义核心价值观转化成为大学生的情感认同和行为习惯，培养更多能够担当中华民族伟大复兴大任的时代新青年。

---

① 曹泽林．国家文化安全论［M］．北京：军事科学出版社，2006：170．

② 习近平．决胜全面建成小康社会夺取新时代中国特色社会主义伟大胜利：在中国共产党第十九次全国代表大会上的报告［N］．人民日报，2017-10-28（01）．

（四）网络媒介素养教育

随着社会和科学技术的发展，媒介也在不断革新。随着网络技术的日新月异，互联网成为继报纸、广播、电视之后的新型媒介，随之“网络媒介素养”也越来越得到关注。媒介素养教育专家大卫·帕金翰指出，随着许多国家政策制定者对媒介素养教育的认可和教师与学生对媒介素养教育热情的日渐高涨，媒介素养教育的时代似乎终于来临了。尽管媒介素养教育之路上还有巨大的障碍，但“媒介素养教育是所有学生应接受的教育”这一观点已经是普遍共识了。网络媒介素养教育已成为新时代网络思想政治教育的重要组成部分。大学生网络媒介素养教育就是要让大学生学习系统的网络媒介知识，具备科学、理性运用网络媒介信息的能力，以便让网络媒介充分服务于自身工作、学习、生活的需要。

当代大学生是伴随着网络技术的发展成长起来的，接触网络的时间比较早，上网的时间比较长，是网络社会里比较具有影响力的力量。他们发展了网络游戏、网络动漫、网络文学等市场，还助推了博客文化、弹幕文化、自拍文化、直播文化、网络流行语文化的繁荣发展。但与此同时，当代大学生的网络媒介素养还处于较低水平。一方面，因为媒介素养教育起步较晚，在互联网技术发展初期的时候，媒介素养教育还未引起足够的重视，也没有被列入学校正式教育的内容，所以大学生没有参加系统的媒介素养知识学习，主要是靠在上网过程中逐渐自发形成的媒介素养。另一方面，网络亚文化的蔓延影响了大学生网络媒介素养的提升。以反叛性、颠覆性为特征的亚文化，在网络媒介低门槛准入的前提条件下得到了更广泛的传播。其原来小众化、边缘化状态转变为大学生共同参与的文化实践，形成了对大学生具有巨大吸引力、凝聚力的网络亚文化。网络亚文化以高度的自由性在大学生中备受认同和欢迎，并以各种形式、不同程度地使大学生对主流文化、传统文化产生了疏离、对抗和颠覆。“吐槽”和“恶搞”行为盛行，虚假信息猖獗、偏激情绪蔓延，可以说是大学生不同程度受网络亚文化影响所致。此外，网络社会环境复杂，各种信息鱼龙混杂，各种身份信息隐匿，各种活动披着虚假的外衣，这很容易让大学生对网络信息产生错误的认知，从而造成反向引导，形成错误的观念和行为。因此，当代大学生必须进行网络媒介素养教育，充分认识到网络是一把“双刃剑”，既要看到网络给工作、学习、生活带来的便利，也要看到网络带来的陷阱。大学生要主动学习网络媒介素养知识，树立正确的网络“三观”，正确对待网络信息，自觉抵制不良信息的侵袭，在网络社会中严格自律，不信谣、不传谣、不发布不良信息，时刻规范自觉的言行。同时，大学生需要提升在网络社会中的判断能力、筛选能力、思辨能力、分析能力等，以便能够趋利避害地使用网络媒介，不断实现自我完善。

大学生网络媒介素养教育内容具体来说主要包括以下几个方面：

一是要培养大学生的网络媒介认知素养，使他们对网络和网络上的信息有更加全面和正确的认识。网络中的信息纷繁复杂、来源呈现多元化，大学生面临的是空前复杂的信息选择环境。一方面，网络时代传播主体的多元化、传播渠道的多样化，使得信息数量呈爆炸式增长，而且信息的真假短时间内难以判断，很容易使大学生失去对完整信息环境的正确认知。网络信息传播的碎片化使网络形成了“放大效应”和“漏斗效应”，导致大学生的学习、生活被碎片化的信息剥离。网上人人拥有话语权又会导致多元社会思潮和风险的过度传播，扰乱社会风气。另一方面，大学生正处于人生的拔节孕穗期，世界观、人生观、价值观尚未成型，如果缺少正确的价值引导和必要的网络媒介素养教育，在纷繁复杂的网络社会中他们很容易盲信盲从，迷失方向。部分大学生过度依赖搜索引擎，逐渐丧失了独立思考的能力；部分大学生受“娱乐至死”等网络亚文化的影响显著，逐渐丧失了怀疑的精神和批判的能力。因此，大学生对信息的真实性、时效性、权威性的辨别与分析是网络媒介素养教育的重要内容。网络媒介素养教育要教育大学生面对海量的网络信息不能偏听偏信，要辨清网络信息观点背后代表的社会思潮、利益阶层和社会群体，剖析网络信息背后的社会语境和其中的社会寓意。同时，网络媒介素养教育还要增强主流意识形态在互联网中的传播力，引导大学生不要过度相信、迷恋互联网，要有质疑的勇气、批判的精神、独立的人格和思考的能力。此外，网络媒介素养教育还要提高大学生筛选过滤信息的能力。大学生主要是运用搜索引擎等工具来找到自己需要的信息，因此，网络媒介素养教育要教育大学生通过掌握搜索技巧获取所需要信息后，可以依据自己的媒介素养和认知能力对搜索出的信息加以筛选和过滤，甄别出对自己有用的信息。另外，相关部门或权威机构也需要完成对信息的判断和选择，以便人们能够获得高质量的信息，比如给大学生提供专业数据库等以便查阅论文资料，给大学生推荐人民网等权威网站去了解社会时事热点等。

二是要培养大学生发布信息和发表言论方面的素养。随着网络技术的发展特别是新媒体的出现，网络信息传播中的传播者和接受者的界限逐渐模糊，趋于传受一体化。大学生在网络社会中既是网络信息的接受者又是网络信息的传播者，因此他们的网络媒介素养对信息传播的效果有重要影响。目前，部分大学生由于缺乏一定的网络媒介素养，在网络上不负责任地随意转发信息、发布信息、发表言论，扰乱了网络信息传播的秩序。培养大学生发布信息和发表言论方面的素养对维持网络信息传播秩序、营造良好网络环境非常关键。网络社会拥有广阔的网络话语空间，也拥有非常自由化的信息传播机制，因此个体的话语权在网络社会中就会得到扩大。这种情况就需要每一个个体对自己发布的信息、传播的信息、发表的言论高度负责，否则网络信息传播将一片混乱。大学生在网络社会中需要有高度的责任心和担当意识，能够对自己发布的信息、传播的信息、发表的言论严格把关，不管发布信息的传播范围是大是小，都应当想尽办法来验证信息的真实性，将质量作为发布信息的首要条件，要对自己发布的信息和评论的社会影响进行预判，避免损害他人利益或对社会公共利益造成危害。大学生在参与社会热点、公共话题讨论时，要遵循公共规则、尊重他人表达权，理性文明地参加讨论、发表自己的观点，在转发他人信息时要提升对信息的把关意识和把关能力，在不确定信息的真实性和准确性的情况下绝对不能转发和分享，以免造成网络秩序的混乱。

三是要培养大学生网络交往素养。网络技术的快速发展不仅给当代大学生的学习、生活带来了极大的便利，也给大学生提供了广阔的交往舞台。大学生积极参与网络交往和互动活动就是为了在更大范围内获得归属感与认同感，甚至有的大学生由于在现实社会中无法得到的认同感可以通过网络社会得到满足。互联网不仅拓展了人际沟通交流的广度，也增加了人际交往的深度，并对加快社会民主进程起到了重要作用。但是，网络交往的基础是每个人都是自由平等的交往个体，都有同样的表达权和隐私权等基本权利。因此，大学生要培养网络交往素养，遵守网络社会的规则，尊重他人在互联网中的主体地位及其权利；同时，要关注社会焦点，关心公共事务，积极参与互动交流，学会理性表达自己的观点，维持网络社会的良好秩序。

第二节 网络思想政治教育话语变革

话语是人们解释世界、传递思想的工具。思想政治教育话语就是运用文字、符号、图像及其他表达方式将思想观点、政治观念、道德规范传递给目标群体，是教育内容和教育目的的一种承载与传达方式。话语沟通是否有效往往会在很大程度上影响网络思想政治教育的有效性。“不同的教育价值取向会催生不同的话语方式，产生不同的话语意涵，形成不同的话语场域效应。同样，不同的话语方式彰显着不同的教育价值取向。”① 因此，要提升新时代大学生网络思想政治教育的实效性，必须立足网络话语特点和当代大学生网络接受的心理需求，进行大学生网络思想政治教育话语变革。

一、网络话语的特点

网络话语是伴随互联网产生并不断发展起来的沟通媒介。青年大学生作为使用网络的主要群体，在网络社会的交往活动中逐渐形成了一套有个性的话语体系。这种话语体系是青年大学生亚文化的集中体现，也是青年大学生进行网络交流的必要工具，被青年大学生广泛接受和传播，并不断更新换代。新时代大学生网络话语主要有以下几个特点。

首先，网络话语具有泛话语权表达的特点。传统媒体是少数人掌握话语权，其他大多数人被动接受信息的模式。在网络社会中，人人都有话语权，“人人都是自媒体”，网络平台成为人们展示自己存在的一种自由的形式，是最自由、最开放的媒介。这种带有泛话语权特点的网络话语使青年网民的个性化表达得以实现，并成为网络流行语。这些网络流行语虽然别

① 王明春. 思想政治教育话语场域的价值重构［J］. 内蒙古师范大学学报（教育科学版），2008（4）：42-44.

人看不懂，但在青年网民中津津乐道、乐此不疲，成为他们交流沟通的流行表达。在网络社会中，每隔一段时间就会涌现一些新的网络热词，青年网民用它们来表达自己的喜怒哀乐等情绪，或者来表达对自我、对人生、对世界的看法。这些泛话语权的网络话语是青年网络个性与思想的体现。我们要想更好地去了解当代大学生的精神需求，就需要找寻这些网络话语背后的情绪表达。我们要和当代大学生进行有效对话，就需要使用他们喜好的网络话语来提升网络思想政治教育的吸引力和感染力。

其次，网络话语具有“小叙事”表达的特点。通过“小故事”展现“小人物”和“小情感”为主线的“小叙事”是网络话语最流行的表达方式。它主要是以记录普通人的平凡事、规避宏大历史背景和思想背景为特点，是一种多样性和差异化的个体叙事。这也是网络媒体泛话语权的特征促使个人意识觉醒和凸显的表征。“小叙事”热衷于对当下个人的工作、学习、生活、娱乐等各方面的叙述，展现的是个人生活的日常状态，表达的是个人在生活中的各种体会、感悟，这种生活化的表述和切身感悟的表达更能深入人性深处，因此更能引发读者共鸣。“小叙事”对个人生活的描述和对生活本质的揭示，规避了生活的严肃性和整体性，体现了生活的阶段性和个体的瞬间感悟。这种感性易懂的表达能够很好地通过“移情”这一心理机制化解人与人之间的隔阂，淡化现实社会和虚拟社会的边界，让传递的信息更能让人接受，达到感同身受、感情共鸣、价值认同的效果。这种“小叙事”的表达也与当前网民碎片化的阅读习惯相契合而受到大部分网民的喜爱。当前，新媒体技术的发展也为“小叙事”的表达方式提供了广阔的发展前景。在自媒体时代，每个人都可以成为故事的主人公，讲述自己或聆听他人，实现了个体塑造自我的内在需求。

最后，网络话语具有可视化表达的特点。可视化表达是指运用图形、图像、视频等视觉符号进行信息的表达和传递。互联网技术的发展推动人们认知方式、表达方式向可视化方向转化。在新媒体出现以前，人们主要是使用电脑通过文字的方式在论坛、博客等平台进行思想交流活动，这种表达方式需要具有一定的语言表达能力，因此使用者并不多。随着新媒体的广泛应用，可视化表达的方式出现在大众视野中。可视化表达所需的图像、视频可以直接取材于现实生活，学历不高、表达能力不强的人也可以通过这种方式获得存在感和成就感。在新媒体时代，图形、图片、视频逐渐成为人们呈现自我、认知世界、传播观念、获取信息的有效方式。图像可以突破文字的局限拓展受众范围。图像背后隐藏着深刻的价值观念，它打破了语言的局限，突破了教育层次、职业背景、年龄限制。“它使没有受过专门教育或不识字的其他社会群体也能通过‘观看’的方式接受‘仁义礼智信’教育。”[①] 图像、视频等将价值观念等抽象内容进行具象化处理，使之可见可感、更加直观形象，有助于与接受者达成视界融合，使内容易于理解、便于传播。在网络社会中，图像已经成为网民获取信息、认识世界、沟通交往的重要手段，“快手”“抖音”“小红书”等平台的“低门槛”或“无门槛”设置，使得那些在微博、微信公众号中存在感较低的人群找到了表达自我、建构自我甚至谋生的手段，给更多更普通的个体打开了新的世界之窗。

二、网络思想政治教育话语变革的原则

基于网络话语的特点和当代大学生的实际需要，网络思想政治教育要切实推进网络思想政治教育话语的变革。大学生网络思想政治教育话语变革应遵循指引性、渗透性、柔性化原则。

首先，坚持指引性原则。当代大学生成长于我国社会经济改革发展的转型期，又正处于人生的拔节孕穗期，世界观、人生观、价值观尚未成型。面对纷繁复杂的社会现象和各种矛盾冲突，他们时常会有困惑和迷茫。尤其在网络社会中，海量的信息让人眼花缭乱、难辨是非，各种社会思潮、西方价值观趁机而入，帮助当代大学生认清真相、明辨是非、消除困惑、解答疑虑是网络思想政治教育的重要目标。当代大学生在网络社会中已经形成了其比较流行的网络话语表达方式。那么，网络思想政治教育话语就要发生变革，既不能照搬照抄单一枯燥的学术理论语言，也不能生搬硬套西方话语体系，而要通过话语转换将“马克思主义话语和党的话语

---

① 周琪. 论社会主义核心价值观的图像化构建［J］. 社会主义核心价值观研究，2016（4）：35-40.

转换为特定受众教育者更容易接受的话语”①，从而让网络思想政治教育展现出强大的引领力和感召力。网络思想政治教育话语要具有指引性，要旗帜鲜明地表达马克思主义立场和观点，尤其在面对大是大非问题和敌对势力的恶意抹黑，要大张旗鼓、毫不含糊地与错误观点开展辩论和斗争，表明正确立场和鲜明态度，敢于亮剑、敢于发声，决不能含糊其词、沉默不语，要让主流意识形态话语震慑人心、提振士气。

其次坚持渗透性原则。当代大学生是伴随着我国经济社会改革发展成长起来的一代，他们思维活跃、批判性强、个性鲜明、独立自主，因此对传统思想政治教育的说教式的话语方式有强烈的抵触情绪和逆反心理。在网络社会这样一个自由开放的场域中，采用灌输式的讲道理之类的话语表达方式只会适得其反。因此，网络思想政治教育要坚持渗透性原则进行话语变革，将深刻的价值观念、抽象的理论概念融入鲜活的事例之中，具体化在形象的图像之中，通过树榜样、讲故事、案例研讨会等形式，采用非强制性、渗透性的表达方式让大学生在潜移默化中受到熏染，进而接受、内化教育内容。同时，网络思想政治教育要充分发挥网络文化产品对当代大学生的重要影响。高新技术推动了影视动漫、网络视频、电子图书等新形态的网络文化产品的生产，并以其独特的方式发挥着它的影响力。因此，我们要充分利用这些现代科技网络文化产品形态，抵御夹杂着各类社会思潮和低俗元素的网络文化产品带来的冲击，满足当代大学生多样化、多层次、多方面的精神文化需求，传播和弘扬社会主义核心价值观，让当代大学生成为合格的社会主义现代化建设的接班人。

最后，坚持柔性化原则。思想政治教育承载着为党和国家培养德智体美劳全面发展的社会主义建设者和接班人的重要使命，而当代大学生又处于世界观、人生观、价值观形成的关键时期，因此提升思想政治教育效果非常重要。大学生在学习生活、人际交往方面有强烈的情感需求，由于网络技术的发展和新媒体的广泛应用，这些情感需求也延伸到了网络社会，他们渴望被理解、被接纳、被肯定。因此，网络思想政治教育要针对当代

---

① 刘建军. 思想政治教育话语转换的三重基础［J］. 思想政治教育研究，2016（5）：120-123.

大学生的情感需要，注重运用动之以情、晓之以理的感性教育方式，以情感人、以理服人，营造轻松和谐的对话空间，让大学生在轻松自由的环境里吐露真情实感、发表思想观点，积极主动去规范自身的言行举止，做到学而信、学而用、学而行。当代大学生思想独立，敢于创新，追求平等，因此网络思想政治教育话语要避免传统思想政治教育常用的“必须”“一定”“应该”等权力式的话语。教育者要将控制式、支配式的口吻转变为平等的、对话式的话语方式，采用朋友间聊天谈心的方式，用温和友好的口气和语态与大学生一起探讨价值观念等方面的话题。教育者要以“无条件接纳”的包容心态与大学生产生“共情”，注重以情感人、触动心灵，让大学生感受到温暖人心的关照和指导，进而把思想政治教育目标转化为自己的自觉行动，并使之产生一种持久的自我约束力和内在驱动性，以强大的感召力“实现网络思想政治教育话语对大学生的政治立场、理想信念、价值取向、行为实践等方面的正向动员与柔性引导”①，在网络思想政治教育中形成顺应人性、理解人心、尊重人格的柔性化人本教育理念。

三、网络思想政治教育话语变革的理路

网络思想政治教育要想深入人心就必须变革思想政治教育原来的话语体系，掌握网络话语传播的特点和规律，提高青年网络思想政治教育话语内容质量，精心组织网络思想政治教育话语形式，创新网络思想政治教育话语表达方式，从而使主流意识形态话语对大学生产生吸引力，增强掌控力和影响力。

（一）遵循网络话语传播规律

与传统信息传播单一的中心、自上而下的传播方式不同，网络信息的传播方式是去中心的、扁平化的，网络社会中的每一个人都是参与网络信息传播的地位平等的主体，同时也是信息传播通道上的中间节点，既是信息的生产者又是信息的消费者。网络思想政治教育要遵循网络信息传播的特点，运用互联网思维，摆脱传统思想政治教育的制约，高度重视当代大

① 崔海英．大学生网络话语的特点及转化与引导策略［J］．思想理论教育，2016（8）：80-84.

学生的主体性。在网络社会中，当代大学生既是网络思想政治教育的接受者，也是其传播者。在新媒体广泛应用的背景下，“个人门户”的传播模式正在兴起，每个个人门户都是一个基于个体意愿构建的传播中心。个人既可以通过自己的社会关系去发现和筛选信息，也可以根据自己的需要对信息进行收集、组合和加工，之后进行传播。互联网的这种“口碑式”的传播方式，要求只有使接受者获得良好的体验和满足，其才会去充当信息的传播者。网络思想政治教育需要紧跟时代发展步伐，因势而新；要充分尊重大学生的主体性，用理、用心、用情与大学生真诚交流；要站在大学生的角度，考虑他们的精神价值需求和情感需要，充分了解他们的思想现状和信息接受习惯，找准定位、对准频道、发准声调，打造受大学生真正喜爱的话语产品。否则，大学生会越来越受其他思想价值和网络亚文化的影响，并以各种形式、不同程度地对主流价值观和文化、传统文化产生了疏离、对抗和颠覆。网络思想政治教育可以采用小叙事、可视化等话语表达方式，结合当代大学生学习、生活日常推出一些蕴含主流价值观教育的网络话语产品。这既能满足当代大学生自我塑造、情绪表达、人际交流、寻求认同感的社会关系性需求，又能满足大学生个人价值实现、休闲娱乐等自我需求，从而让网络思想政治教育在这个人人都是自媒体的时代，可以在大学生的朋友圈中拥有良好的口碑并有效传播。

（二）整合网络思想政治教育话语资源

网络思想政治教育要想提升效果，赢得当代大学生，就必须发挥互联网思维，打破边界限制、整合资源，精选设计话语内容，积极创新话语方式，让广大高校学生拥有良好的教育体验。唯有如此，我们的网络思想政治教育才具有核心竞争力，进而产生巨大的吸引力，切实履行立德育人的重要使命。

首先，随着网络技术的发展尤其是新媒体的广泛应用，大学生在网络社会中主体性日益彰显、话语权不断增强，对网络思想政治教育话语内容和话语方式都有了新的期待。网络思想政治教育应该针对大学生在网络社会中的各种需求，积极探寻大学生比较感兴趣的话题，借助社会化传播和口碑营销让网络思想政治教育散发自身独特的魅力，让更多大学生主动接近、深度接受网络思想政治教育。

其次，在网络社会中，信息资源海量性、碎片化、多元化，并且传播不受时空限制，网络思想政治教育需要充分利用这些网络信息资源，跨界整合各种丰富多样的网络信息资源，充实网络思想政治教育内容，创新网络思想政治教育方法，拓展网络思想政治教育平台，推动网络思想政治教育有效开展。具体来说，网络思想政治教育不仅要借助网络技术，以大学生喜闻乐见的方式，把马克思主义中国化的优秀成果融入网络思想政治教育内容里，而且要利用网络平台上的流行文化、热点话题，开展针对主流文化和价值观的教育引导工作。

最后，网络思想政治教育要充分利用新媒体网络平台及时双向互动的特点，积极创设一些跟当代大学生学习生活息息相关的健康向上的话题，在对话与讨论中形成强大的凝聚力和舆论场域。在网络信息的传播中，具有引爆性的话题往往是非常有吸引力的，也是能够引起立场分化的争议性话题。例如，与多数人利益相关的公共性话题，包含针锋相对的冲突、能够引起立场分化的争议性话题，打动人心、引发同情的话题，“心灵鸡汤”式的引起读者共鸣的格言式话题，与公众人物相关的热门话题，对某一类社会现象进行规律性总结的盘点性话题等。网络思想政治教育应当以开放包容的态度、宏大的格局来整合这些网络信息资源，充分利用这些话题，开放网络思想政治教育新课题，主动借鉴、吐故纳新、为我所用，在与大学生的及时双向互动中帮助他们厘清事实、廓清思路、明辨是非，树立正确的世界观、人生观、价值观。

（三）丰富网络思想政治教育话语形式

网络技术的发展在给人们工作、学习、生活带来便利的同时也赋予了人们更多的自主性。这种自主性决定了网络思想政治教育必须要丰富话语形式才能形成强大的吸引力。

首先，关注当代大学生的阅读习惯。在网络平台上，网民可以根据自己的兴趣爱好和需要选择浏览哪个网站、获取哪类信息，同时网民也因网络信息的快捷性而对短时间内获取相对较多的信息和服务有了更高的需求。大多数大学生在浏览信息的时候首先选择的是看标题，由标题来判断内容，再来决定是否继续阅读正文。特别是新媒体广泛应用后，大学生不由自主地形成了扫描式的阅读方式，缺乏耐心静下心来仔细阅读长篇大段的文字，往往是一目十行迅速搜索自己需要的信息，急速地在大段文字中寻找感兴趣的关键词。大学生的这种阅读习惯是网络思想政治教育者在丰富网络思想政治教育话语形式时需要重点关注的。

其次，精心制作标题。鉴于大学生有先关注标题再扫描式阅读的习惯，网络思想政治教育者应当意识到标题是吸引大学生的重要方式。只有亮眼的标题，才能让大学生有继续读下去的意愿。标题除了要求在有限的文字中准确传达信息外，还要求注重凝练文章的特色，突出亮点，体现出文章的价值所在。网络思想政治教育者在制作标题时应当强调故事的独特性、观点的冲突性、数字的准确性，或者强调史无前例、独一无二，或者触动人们内心最柔软之处，或者能够激发读者的正能量，总之要给人留下深刻的第一印象，能够吸引大学生点击阅读，达到先声夺人的效果。另外，网络思想政治教育者还应注意要把重要的标题放在最先吸引大学生的地方。调查表明，网民在打开网页时视线的第一落点是在导航条下的页面的左上角。因此，重要的标题可以放在这个区域，如果配以焦点图片则更能吸引大学生眼球。

最后，文章正文在组织话语时应做到短小精悍。网络思想政治教育的文章不宜长篇大论，而是要根据大学生“碎片化”和“快餐式”的阅读方式，分多段组织，每段只需有一个中心意思，每段最好不超过五行，每句话尽量简短，句子成分不要复杂。同时，网络思想政治教育者的文章还要注意迎合当代大学生扫描式阅读方式，应具有可扫描性，比如给每段附上小标题，或者把重点语句的字体加粗、放大，或者用特殊颜色标注，充分运用列表、图示等帮助大学生在短时间内尽量捕捉到更多的重要信息。

（四）创新网络思想政治教育话语表达方式

当代大学生思想活跃、崇尚个性，受自由、民主的网络文化影响，传统思想政治教育灌输式的教育方式和宏大的叙述方式对他们已无法产生强烈的吸引力。因此，网络思想政治教育应创新话语表达方式。网络思想政治教育话语应当摒弃传统思想政治教育生硬刻板、一成不变的表述方式，注重表达的情感性和柔性化。

首先，注意话语表达的语态。语态是从话语表达方式中传递出来的说话者的姿态。如果教育者不尊重教育对象的主体性价值，不和教育对象平等对话，而是以一副居高临下的姿态，用命令式和教导式的语气沟通交流，那就会导致教育对象产生抵触情绪和逆反心理，从而使得教育效果不佳。因此，网络思想政治教育要充分尊重新时代大学生的主体性，要深入了解青年要什么、想什么，做到以心换心，不能自说自话；要结合大学生的生活实际走入大学生的内心世界，用大学生的话语体系去表达和阐述，不喊空口号，不做虚功夫。

其次，注重网络思想政治教育的故事化表达。讲故事这种表达方式不仅可以通过共同分享一种经历来体现讲述者和倾听者地位的平等性，而且可以用通俗易懂的具体事实来阐释抽象的道理，以故事的真实性、情感性打动读者，产生一种带入感，进而产生情感上的共鸣，再逐渐由感性认识上升到理性感悟。这种表达方式跟传统思想政治教育的理论灌输、道理说教比起来，更具有吸引力，更能赢得新时代大学生的青睐。网络思想政治教育者可以在网络平台上推出一些原创故事类文章，结合新时代大学生生活、学习实际重点打造抒发个体情感和表达生活感悟一类的小故事，再配以美妙动听的音乐朗读、契合主题的漫画图片，就会让“小叙事”表达形式更具感染力，从而提升网络思想政治教育的效果。

最后，注重网络思想政治教育的可视化表达。有研究表明，人的大脑对图像的处理要比文本快得多。人在阅读文字时，要先对文字进行解码，再与记忆中存储的形状进行匹配，才能做进一步的理解。尽管这种处理信息的方式是瞬间完成的，但与处理图像的方式相比还是需要消耗更多的脑力。因此，运用信息图表进行话语传播容易使受众从生理上更接近所传播的信息①。由此可见，可视化表达是一种快捷的传播方式，如果运用得当，其传播效果通常要好于文字传播。因此，网络思想政治教育可以多采用可视化的表达方式让新时代大学生产生身临其境的感觉，通过直观印象消除他们心理上的距离感，从而达到感同身受的效果。另外，在“碎片化”的网络阅读时间里，相比枯燥抽象的文字，大学生更偏爱形象思维和可知可感的叙述方式，可视化表达更是迎合了他们“快餐式”的网络阅读习惯。

---

① 马克·斯米克莱斯. 视不可挡：信息图与可视化传播［M］. 项婷婷，张乐宁，译. 北京：人民邮电出版社，2013：7.

（五）夯实网络思想政治教育话语权

高校是主流意识形态传承发展的重要场域，是各种社会思潮价值观念汇聚之所。“青年网民成为西方国家意识形态网络渗透的重点人群，而且境外情报组织把高校青年作为网络策反的主要目标。”[①] 因此，高校必须夯实网络思想政治教育话语权，扩大主流价值影响力版图，让党的声音传得更开、传得更广、传得更深入。

首先，加强党对网络媒体的领导。党的十九大报告指出：“青年兴则国家兴，青年强则国家强。青年一代有理想、有本领、有担当，国家就有前途，民族就有希望。”大学生既是网络新媒体的受众，也是构建良好网络生态的重要力量。因此，高校要积极推动马克思主义中国化理论进网络，旗帜鲜明地奏响习近平新时代中国特色社会主义思想网络最强音，以习近平新时代中国特色社会主义思想为指引；以中国特色社会主义发展道路、社会制度和核心价值为主导，打造新时代网络宣传的战略高地，集中各方优势资源，奋力走好新时代的网络长征路。高校要通过网络平台引领新时代大学生坚定“四个自信”，做到“两个维护”，消除大学生思想认知碎片化的盲点、引导大学生敢于正面发声、善于理性思辨、勇于澄清是非、坚持伸张正义，让新时代大学生正确认识世界发展大势，正确认识中国特色与国际比较，正确认识历史，正确认识自身使命，使大学生成为中华民族伟大复兴的中坚力量。

其次，树立话语竞争意识，打造网络文化精品。当前，全球网络空间已经成为大国战略博弈的最新领域，互联网已经成为“意识形态斗争的主战场”，成为我们面临的“最大变量”。因此，我们要理直气壮地加强网络意识形态渗透，创新蕴含主流意识形态的网络文化产品。网络文化是网络思想政治教育的重要组成部分，是基于互联网信息技术的新的文化形态，事关网络思想政治教育的软实力。网络思想政治教育要坚持思想精深、艺术精湛、制作精良的标准，把马克思主义科学理论打造成新时代大学生喜

① 刘永志. 西方意识形态网络渗透新态势及我国对策研究［J］. 马克思主义研究，2017（12）：96-105.

闻乐见的优秀网络作品，让其发挥重要的育人导向功能；把习近平新时代中国特色社会主义思想转化为新时代大学生易学易懂的新闻作品和学习产品，唱响新时代最强音。另外，网络思想政治教育要把和社会主义核心价值观相关的主旋律作品打造成为在网上“刷屏”的融媒体产品，成为新时代大学生愿意看、喜欢看、看得懂、记得住的可视化新媒体产品，提升社会主义意识形态的网络凝聚力、辐射力和引导力。

最后，抢占网络舆论引导权。网络社会是广大网民共同的精神家园，同时也是各种信息交织的大平台。网络思想政治教育要紧跟时代步伐，通过网络沟通民意、回应民声，利用网络壮大主流思想舆论，以正确的舆论引导人，以优秀的作品鼓舞人，凝聚全社会共识，共同构筑美好家园。

当前，现实问题网络化、网上舆情生活化。这就需要加强对网络热点问题的舆论引导，准确把握网络舆情走向，加强正面宣传，反应及时、行动快速、化解有力，提升网络思想政治教育话语的主导力、凝聚力和整合力。一方面，网络思想政治教育需要把握舆论引导的时效性，第一时间发出权威声音，抢占舆论制高点，用主流意识进行舆论引导；另一方面，网络思想政治教育需要深入了解新时代大学生，围绕大学生关心的时事热点，就职业生涯规划、日常生活学习相关的话题，与大学生持续互动，使大学生逐步形成“归属感”，利用网络传播规律，做到因势利导、循序渐进、顺势而为。

第四章
高校网络思想政治教育方法创新研究

新时代赋予了高校思想政治教育新的使命和责任。如何正确把握高校网络思想政治教育方法的内涵、特点，深入了解高校网络思想政治教育方法创新的原则，正确处理机遇和挑战之间的关系，对教育工作者在新时代坚守好网络思想政治教育阵地具有重要作用。因此，为了更好地适应新时代思想政治教育的新要求，推动新时代大学生网络思想政治教育发展，创新新时代大学生网络思想政治教育方法运用显得尤为重要。

第一节　高校网络思想政治教育方法的内涵与特征

方法是人们在完成实践活动时，为了达到目标而使用的一种工具。我们可以将方法视为过河的船或桥，没有这种工具我们就不能完成任务。思想政治教育工作者在进行思想政治教育活动过程中，也需要借助一定的方式、手段、工具和程序的总和。因此，我们需要正确理解和把握高校网络思想政治教育方法的内涵。

一、高校思想政治教育方法的内涵

“方法”一词的含义起源于古希腊，有方向、道路等基本释义，简言之就是按照一定的方向或目的做事。方法是联结主体与客体的工具。所谓思想政治教育方法，顾名思义，就是在思想政治教育工作过程中，思想政治教育主体为了实现既定的目标，达到教育的效果，对思想政治教育客体采取的一种有效工作方法和工作思路。它是联结思想政治教育主体与思想政治教育客体的中介要素，也是传递教育内容、完成教育目标的工具要素。思想政治教育方法是思想政治教育活动过程中的重要环节，也是最重要的方法，是与思想政治教育活动密不可分的，是在思想政治教育活动中产生、发展形成的，是教育主体对教育对象所采用的方式和手段。

二、高校网络思想政治教育方法的内涵

随着互联网技术的发展和自媒体的兴起，网络作为一种新型的思想观念传播形态，迅速夺取了大学生的注意力，并对他们的日常生活、行为方式产生了广泛而深远的影响。我国高校大学生思想政治教育也由过去的依靠传统载体，如校园广播、校报、宣传栏等单向度传播开展，逐渐变成更多基于网络载体开展。网络的开放性带来多元化的价值观和庞杂的信息冲击着社会意识形态建设，需要更有针对性的、更科学的方法体系。

高校网络思想政治教育方法顾名思义就是网络与思想政治教育相结合的一种方法。在这里，网络既是方法也可以视为一种载体。在网络思想政治教育的成型和发展进程中，教育者根据传播学理论和思想宣传理论等相关学科理论的指导，不断对网络思想政治教育方法体系进行完善创新。

三、高校网络思想政治教育方法的特征

特征是人或事物所具有的独特之处，任何事物都有其自身的属性。高校网络思想政治教育方法是传统思想政治教育方法的一种延伸和拓展。因此，准确把握高校网络思想政治教育方法的特征，掌握其发展规律，可以更好地开展网络思想政治教育活动。

一是虚拟性。区别于传统的思想政治教育方法，在网络虚拟空间中，网络思想政治教育方法不可避免地以虚拟化的方式存在，教育主体和教育客体是以虚拟化的符号存在的。教育主体利用网络开展思想政治教育，方法上具有虚拟性的特征，引导与规范教育客体在虚拟网络空间中的思想行

为，实现大学生思想和行为的虚拟与现实的统一。

二是系统性。高校网络思想政治教育的方法和手段不是孤立存在的，而是有机联系在一起的。其主要表现在两个方面：一方面，新时代高校网络思想政治教育方法是一个有机整体，其形成过程不是一蹴而就的，而是随着时代的发展变化不断发展的。教育者要根据大学生的不同实际情况，选择和运用不同的方法，根据时代发展的要求，不断丰富、充实和完善高校网络思想政治教育方法。另一方面，高校网络思想政治教育方法并不是完全脱离传统思想政治教育方法的，而是在此基础上不断拓展和延伸，使两者有机结合，更好地发挥思想政治教育的作用，营造一个积极向上、风清气正的网络教育空间。

三是开放性。互联网本身是一个自由、开放的空间，开放的互联网中包含着丰富多样的信息资源，微博、微信、抖音等网络新媒体突破了报纸、广播、电视等传统媒介的传播劣势，让思想政治教育工作拥有了更加丰富多样的传播载体，传播范围也由相对封闭的小众转向更加开放的大众。网络思想政治教育环境是一个更宽广的社会交往平台，教育者要实现既定的思想政治教育目标，就需要打破传统的封闭式传播教育模式，将课堂延伸到网络空间教学中，与受教育者建立良好的网络交流平台，让思想政治教育通过网络渗透到学生们的日常生活、学习和工作中，全过程、全方位地围绕大学生开展思想政治教育工作。

四是隐蔽性。传统思想政治教育方法在网络的冲击下，时效性和有效性逐渐减弱，而网络思想政治教育方法借助于网络的隐蔽性特点，通过渗透的方式开展隐性思想政治教育。在传统思想政治教育工作中，教育者与受教育者缺少沟通，教育内容和教育方法存在封闭保守且与时代脱节的风险，不完全符合新时代大学生思想政治教育的要求。借助网络的隐蔽性特点，网络思想政治教育可以将教育内容有技巧地隐藏于受教育者的日常网络活动中，教育者的教育意图和教育内容越隐蔽，越能够被受教育者接受，教育目的也就越容易达到。

五是互动性。开展思想政治教育，不能过分强调教师和学生各自的“一亩三分地”，应打破隔阂，加强双向沟通。正所谓“人心齐，泰山移”，逐渐打造出统一、和谐的主客体关系，才能助力思想政治教育质量的提高。在传统的大学生思想政治教育活动中，因受传统教育的影响，教育内容大多是通过用报纸、广播、电视等传统媒体传递给大学生，作为教育对象的大学生始终处于被动接受的地位，无法自主地选择接受的信息内容。同时，通过这样“单向灌输”的方式，教育者也无法及时得到大学生关于教育活动的反馈。因此，教育者应通过丰富新媒体平台的内容信息，及时将思想政治教育知识融入信息之中，通过影响力大的微信公众号等，发布积极、健康、向上的观点和内容，倡导正确的价值观念。在教育者向大学生传递教育内容的同时，大学生能够按照自己的意愿自主地选择所想要接受的教育内容，自主表达观点，及时反馈教育信息，从而实现教育者与大学生的有效互动。这一方法的运用大大地提升了大学生的主体性，实现了被动接受向主动参与的有效转化，也促进了教育者与大学生之间的信息交流，突出了互动性，从而优化了高校网络思想政治教育的成效。

第二节　高校网络思想政治教育方法创新面临的机遇与挑战

互联网作为21世纪人类最伟大的发明之一，对人类社会的影响越来越深远，拉近了人与人之间的空间距离。当今“00后”的大学生作为网络信息时代的“弄潮儿”，更是直接感受着网络带来的全新体验与便捷，随时随地便可开启网络之旅，游戏、聊天、学习、购物、订餐……足不出户均可实现。但是，我们也要深刻认识到互联网给我们带来便利的同时，也将一些消极、负面、不健康的信息与一些非主流的思想传递给大学生。因此，互联网的发展给思想政治教育方法带来了机遇和挑战，深入了解掌握这些新变化、正确处理机遇和挑战之间的关系，是提高网络思想政治教育有效性的关键之处。

一、高校网络思想政治教育方法创新面临的机遇

传统高校思想政治教育方法的使用会受到时间和空间的双重限制，削弱思想政治教育的育人效果。然而，互联网的出现改变了这种传统的思想政治教育形式，形成了随时随地都可以针对教育对象开展思想政治教育的崭新局面，使高校思想政治教育方法的运用完全摆脱了时间、空间的限制

与束缚。例如，在如今的大学校园中，思想政治教育工作者可以跨越时间和地域的限制，借助QQ、微信等聊天工具与多名大学生进行沟通、交流，帮助其排忧解惑，解决大学生在生活、学习和工作上的难题，做到时时处处都能开展思想政治教育工作，提高及时性、有效性。同时，思想政治教育工作者可以借助网络，与学生家长沟通，将大学生在校期间的表现情况及时有效地反馈给家长，实现学校与家庭之间的实时互动，达到家庭、学校联动的育人合力。高校可以借助互联网与地方各级政府部门、社会团体和企事业单位实现思想政治教育资源的共享与利用，最终形成社会、学校合力育人的高校思想政治教育新模式。互联网技术特别是新媒体技术的飞速发展，丰富了思想政治教育内容和形式，解决了传统思想政治教育内容来源单一、内容有限、信息滞后等问题，让高校思想政治教育工作者可以在任何时间、任何地点借助电脑或智能手机从网络中获取有利于开展高校思想政治教育工作的政策文件、法律法规、视频资料和相关数据等信息，为充实和丰富高校思想政治教育的内容提供了便利。

二、高校网络思想政治教育方法创新面临的挑战

众所周知，互联网是一把“双刃剑”，其影响具有双面性。一方面，互联网改变了人们的生活方式，促进经济社会飞速发展；另一方面，挑战也随之而来。网络环境下的高校思想政治教育也不例外。互联网在给高校思想政治教育带来机遇的同时，也对传统的思想政治教育方法和内容提出了严峻挑战。

（一）信息数据的繁杂对舆论引导方法难度加大

在全球化背景下，网络跨越时间和空间，错综复杂的信息交互，高校思想政治教育方法获得便捷，同时各类文化交织、渗透和融合，严重冲击了意识形态和社会思潮，使得舆论引导方法的难度加大。首先，大学生处于拔节育穗的关键期，价值观尚未定型，易受不良思想蛊惑。大学生正处于人生的“第二断乳期”，复杂多元的迷雾、思想的激荡，特别是西方的文化渗透极易造成大学生对我国社会主流文化认同的逐渐弱化，甚至怀疑和否定。这在不同程度上潜移默化地侵蚀着大学生对社会、国家、民族的界定，进而使得他们在网络平台上经常发表自认为正确的、实则是被蛊惑

下产生的观点。渐渐地，大学生就会养成自认为正确的、实际上是错误的价值观念。受教育者会从一个被影响者逐渐发展成不良舆论的推动者。受教育者一旦形成了这种错误的“三观”，他们身心健康会受到极大的损害，因为他们的价值观和社会主流价值观不符。他们在与人交往的过程中，很容易与他人产生冲突，很容易被他人质疑。同时，网络思想政治教育的主流传播方法的地位受到挑战。传统的思想政治教育方式，即“一本书、一支笔、一块黑板”的灌输式教育模式的有效性减弱，大学生会在课间、茶余饭后、等候间隙、交通出行移动等碎片化时间里，不间断地与互联网亲密互动，从而形成一种无缝链接的网络状态。这些造成了高校思想政治教育环境越来越复杂化，使网络思想政治教育方法的主体地位受到挑战。

（二）网络技术的发展对网络思想政治教育方法优化升级的要求更高

网络思想政治教育是依靠网络平台开展的教育，网络思想政治教育方法不可避免地要与网络技术相结合。但网络技术的发展远远超过了思想政治教育方法的创新，这就成为新时代网络思想政治教育方法面临的又一挑战。一方面，思想政治教育工作者理念陈旧。目前，高校的思想政治教育者除了辅导员队伍比较年轻外，大多数思想政治理论课教师比较年长，自学生时代到教师时代，数十年的生涯都在进行传统模式的思想政治教育研究和教学，长时间“固定”的思维使他们很难接受新鲜的、突如其来的“新事物”——网络媒体的发展。部分思想政治教育者认为，线下的思想政治教育才是“正经”的思想政治教育，对网络思想政治教育“很不感冒”。即使有一部分思想政治教育工作者意识到网络思想政治教育的重要性，但网络媒体平台的发展速度也远远超过了网络思想政治教育方法的创新和使用速度，使他们逐渐在脑海中形成“佛系”“无奈”“顺其自然”等观念，从而对整体网络思想政治教育方法的更新和优化产生影响。另一方面，部分思想政治教育者对网络技术的运用不熟练。思想政治教育工作者面对时代的压力和学科的发展，勉强学会了基础的网络思想政治教育方法，可以将其应用到基础的网络思想政治教学中。但是，随着科技进步速度的加快，网络教学平台更新速度随之加快，这部分教育者对网络思想政治教育方法的学习速度逐渐跟不上平台的迭代速度。面对繁重的教学和科研压力，这部分教育者还要抽出时间来学习新兴的网上教学技术。这部分教育者带着这种疲惫的心态来对待新兴的网络思想政治教育方法，光是学会都极为不易，而要在学会的基础上创新更是难上加难。如此恶性循环，也导致了网络思想政治教育方法的创新难度增大。教育工作者对此总是“看在眼里急在心里”。

（三）网络思想政治教育方法应对危机的经验不足

网络的自由性和匿名性，使网络逐渐成为西方文化入侵的主战场，即使专业网络安全技术人员都应接不暇，思想政治教育者面对这些危机更显经验不足。一方面，开放的网络为文化入侵提供了平台。随着中国综合国力稳步上升，中外之间的文化冲突愈发明显，西方媒体借助飞速发展的互联网，充分利用发达国家经济、文化的强势影响力和主导权，在有形和无形中向大学生传播其价值观、主流意识、社会文化和生活方式，贬低我国的文化。全球新冠疫情暴发后，以美国为首的西方国家罔顾本国疯狂扩散的疫情发展态势，不遗余力地通过各种方式污蔑中国，试图抹黑中国在国际舞台上的形象，并以此转移本国矛盾。中国虽然有专门的网络监察部门应对这些不良的意识形态和文化的入侵，但是其在理论知识方面却不及网络思想政治教育工作者，容易导致对不良信息分辨不清，因此根本上需要网络思想政治教育来铸就更加牢固的文化长城，两者共同维护国家安全。另一方面，网络思想政治教育方法呆板浅显，不足以应对各种危机挑战。国内外各种文化的入侵都隐匿于网络的“面纱”之后，通过网络的隐蔽性，错误的价值观念被悄无声息地带入大学生群体中。但是，面对纷繁复杂的、潜移默化的、吸引力较强的西方文化入侵，网络思想政治教育工作者应对这些危机的方法还略显呆板，尚不足以抵御西方文化和不良意识形态入侵。因此，我国要尽快集合全社会的力量，打造出一代代意志力强、政治信仰坚定的思政战士，将关注点放到网络思想政治教育体系的建设上来，牢固网络安全和文化安全的防线，创新网络思想政治教育方法，弥补不足。

第三节　高校网络思想政治教育方法创新的依据与原则

新时代高校网络思想政治教育方法是伴随着互联网而产生的，是一种以网络为载体，实现对人类进行思想政治教育的方法和手段。因此，高校网络思想政治教育方法的运用必须始终以科学的理论为指导，根据现实需要与时代发展要求，遵循一定的原则构建并完善网络思想政治教育方法体系。

一、高校网络思想政治教育方法创新的理论依据

高校网络思想政治教育方法是以马克思主义唯物辩证法为指导的一种方法。它植根于传统思想政治教育原理与方法理论的沃土之中，汲取着丰富的学科养分，具有科学的理论依据。

（一）人的全面发展的理论依据

马克思在《关于费尔巴哈的提纲》中指出："人的本质并不是单个人所固有的抽象物，在其现实性上，它是一切社会关系的总和。"马克思关于人的全面发展理论包括三个方面：首先是人的体力、智力等劳动能力的发展，其次是人的社会关系的发展，最后是人的个性的全面发展。劳动能力的发展是核心，社会关系的发展是关键，个性的全面发展是终极目标。这三个方面，层层递进，由浅入深，体现了人的发展的完整历程。人的全面发展是相对于人的片面发展而提出的，是指人的劳动能力、智力能力、道德品质和科学素质等统一协调发展。根据马克思的观点，我们不难看出，人的全面发展是人的个性、能力、需要以及社会关系的全面发展，这就与新时代高校网络思想政治教育的根本目标不谋而合。思想政治教育主体是人，客体也是人，大学生网络思想政治教育归根结底是做人的工作，其最终的目标指向也是实现大学生的自由全面发展，能够把大学生培养成有用之才。对人的本质问题的探讨是高校网络思想政治教育方法创新应该首先解决的问题。因此，高校网络思想政治教育的根本目标始终以马克思主义人的全面发展理论为价值遵循，高校思想政治教育工作者应坚持以人为本，树立科学发展观，在网络思想政治教育中融入人文关怀，关怀大学生的主体意识，关注每名大学生的独立存在的价值与尊严，充分利用网络技术来促进每名大学生全面、和谐发展。

（二）网络传播学理论依据

当前，网络逐渐成为大学生群体学习、生活的主要阵地，思想政治教育理应跟随时代发展的步伐，因时而进、因势而新，呈现出时代性、价值

性和创新性。要占领网络主阵地，就离不开网络传播学理论。它包括网络传播者的理论、传播内容的理论、网络媒介研究的理论、受众研究的理论以及网络传播效果的理论五个部分。网络传播的本质就是信息与信息的沟通和交流，传播的主体既是信息的发布者，又是信息的接受者，即有双向互动性。高校网络思想政治教育从本质上来讲也是教育主体将自己积累的知识、经验通过一定的媒介与教育客体形成相互传播和流通。在网络环境下，作为教育客体的大学生的信息接受者的身份和界限已经模糊和弱化了，教师和学生之间形成了信息的双向流通和互动。因此，从思想政治教育活动的过程来讲，其与传播学的本质是相同的。因为网络的开放性、互动性等特征，大学生网络思想政治教育的内容复杂多样，不免造成“良莠不齐”“鱼龙混杂”的局面。大学生已经不是被动地全盘接受传播者的网络思想政治教育内容，而是有选择性地接收符合自身需要的网络思想政治教育内容。因此，教育者应结合网络传播学理论，在开展大学生网络思想政治教育活动的过程中，根据新时代大学生的思想和行为特点，选择大学生喜闻乐见的方式，实现传播内容的精准化与个性化，从而提升大学生网络思想政治教育的有效性。

（三）社会存在决定社会意识的理论依据

马克思和恩格斯在《德意志意识形态》一书中提出了社会存在决定社会意识的科学理论，指出了人们思想观念的产生、形成、变化以及发展是由社会存在决定的。同时，人们的思想意识具有能动性，能够反作用于社会存在，是相对独立的。“不是人们的意识决定着人们的存在，相反，是人们的社会存在决定人们的意识。”根据这一理论，我们反思在新时代背景下，网络思想政治教育也悄无声息地发生了变化，网络思想政治教育方法必须与时俱进，思想政治教育工作者必须分析大学生在互联网背景下的思想行为特点，掌握其规律性，为思想政治教育实施方法创新做好前期的基础铺垫工作。我们要根据受大学生对教育者、学校以及社会的反馈信息，预判他们可能的思想动机和行为动向，对正确的思想动机和行为动向加以引导和鼓励，对错误的思想动机和行为动向加以约束和限制，确保他们的行为符合社会的发展要求，为思想政治教育活动的顺利实施打下坚实的基础，从而实现思想政治教育效果最优化。

二、高校网络思想政治教育方法创新的现实依据

高校网络思想政治教育方法的创新，不仅要有一定的理论依据，还要根据新时代的现实要求，推进大学生思想政治教育因时而进、因势而新，构建具有强大凝聚力和引领力的思想政治工作体系，致力于培育出能够在全过程、全方位、全时空培育担当中华民族伟大复兴重任的时代新人。

（一）建设社会主义现代化教育强国的需要

习近平总书记在党的十九大报告中指出："经过长期努力，中国特色社会主义进入了新时代。"① 在新时代背景下，"我国社会主要矛盾已经转化为人民日益增长的美好生活需要和不平衡不充分的发展之间的矛盾"。为解决不平衡不充分发展的问题，我国要优先发展教育事业，深化教育教学改革，加快教育现代化，落实立德树人任务，推进教育公平发展，加快建设教育强国。建设教育强国不仅是惠及民生的保障工程，更是中华民族伟大复兴的基础工程。网络思想政治教育方法的创新要紧紧围绕这一目标，以立德树人为宗旨，提升大学生思想认识水平、理论水平，提高大学生思想教育水平。做好新时代背景下的思想政治教育工作，既要着眼于当下，紧跟时代发展的步伐，结合时代发展的要求，推动新观念、新思想的确立，又要致力于为我国经济社会服务，为社会主义现代化建设保驾护航。高等教育发展水平是一个国家发展水平和发展潜力的重要标志，高校肩负着培养德智体美劳全面发展的社会主义事业建设者和接班人的重大任务，只有培养出一流人才，才能够推进教育强国战略目标的实现。建设教育强国，高校必须牢牢抓住全面提高人才培养能力这个核心点。紧跟时代发展潮流是思想政治教育创新发展的题中之义。高校要做好各种工作，尤其是大学生思想政治教育工作。要根据环境的新变化，不断充实教育内容，运用新手段创新思想政治教育方法；根据大学生群体出现的新问题，不断推动大学生网络思想政治教育方法的创新运用，不断提升思政工作质量，为人才培养工程更好地服务。

---

① 习近平. 决胜全面建成小康社会 夺取新时代中国特色社会主义伟大胜利：在中国共产党第十九次全国代表大会上的报告［N］. 人民日报，2017-10-28（01）.

（二）当代大学生新特征与新变化的需要

青年是中国特色社会主义事业发展的中坚力量，大学生是青年群体的主要力量，肩负着实现中华民族伟大复兴的历史使命。在新时代背景下，大学生也出现了新特征和新变化。当代大学生大多是在国家繁荣昌盛、经济迅速发展、物质条件相对充裕的环境中成长起来的，他们的主体意识、个性诉求比较强，比较关注自我，在思想政治教育活动中占有主导地位，对事物的判断标准有自己的理解与认知。同时，他们的自主学习能力也随之增强。大学生的思想政治教育内容的接受渠道不仅来自书本和教师，他们还可以通过各大门户网站、慕课平台以及包括“学习强国”在内的学习应用程序进行学习。通过线上学习方式与线下学习方式并行，大学生能够及时解决在学习中遇到的问题，做到查漏补缺，构建全方位立体的学习体系。因此，要想促进大学生自由而全面的发展，高校就必须运用新时代大学生网络思想政治教育方法对新时代大学生出现的新特征加以把握，充分了解大学生实际的思想和行为状况，打破思想政治教育工作者与大学生之间单纯的“灌输与被灌输”关系，让双方在平等的地位进行有效的交流互动。同时，高校要运用新时代大学生网络思想政治教育方法对大学生进行引导，让大学生能够正确认识和利用互联网，不在互联网中迷失自我，培养健全的道德人格，从而促进大学生网络思想政治教育取得良好效果。

（三）做好高校网络意识形态工作的需要

当前形势下，做好网络意识形态工作，讲好中国故事，必须借助网络这一重要载体，必须要创新网络思想政治教育方法。我们要注重利用新方法、新途径、新工具，加强网络意识形态工作的领导和建设。在新时代，网络意识形态话语权已经成为影响国家安全的重要因素，中西方的意识形态竞争处于激烈的较量中。然而，中国社会主义主流意识形态话语权却在网络意识形态领域中不时遭遇“失声”的困境。归根结底，这源于网络思想政治教育方法不科学、不恰当，不能回应网络空间中的各种暗潮涌动。这有可能造成大学生理想信念不够坚定，对我国主流意识形态认同感不强，在网络中无法做出正确的价值判断，进而迷失自我等问题。因此，新时代加强高校网络意识形态工作必须大力推进适应网络意识形态话语需要的思想政治教育方法创新发展，构建新时代中国特色社会主义的话语体系，增强大学生对主流意识形态的认同感，让大学生在网络空间敢于发声、正确发声。

三、高校网络思想政治教育方法创新的原则

根据《现代汉语词典》的解释，原则是指“说话或行事所依据的法则或标准。”促进人的全面发展，是网络思想政治教育方法要坚持的重要理念。新时代高校网络思想政治教育方法的创新，必须牢牢把握思想政治教育的规律性，在大学生成长规律的前提下，遵循科学性与方向性相统一的原则、虚拟性与现实性相结合的原则、教育与自我教育相促进的原则、解决思想问题和实际问题相结合的原则等，探索提升思想政治教育的实效性的有效途径。

（一）科学性与方向性相统一的原则

科学性的指导方法是提升思想政治教育实效性的前提条件。面对互联网海量数据信息的纷繁复杂，西方敌对势力蠢蠢欲动，他们企图通过网络手段，腐蚀大学生纯洁的心灵，动摇大学生的爱国情怀，进行思想意识形态上的博弈。在这样的形势下，高校思想政治教育工作者应沉着应对，利用网络优势，趋利避害、扬长避短，坚持将正确的政治方向摆在第一位，坚持和维护社会主义意识形态的主导地位，引导大学生坚定“四个自信”，做到“两个维护”，奏响爱国主义、集体主义、社会主义的主旋律，充分发挥网络在建设社会主义核心价值体系中的积极作用，牢牢坚守思想政治教育的精神阵地。

方向性是首要原则与灵魂。思想政治教育应坚守正确的政治立场、观点，主动出击、掌握主动权，向大众传播正能量，传播社会主义核心价值观，以社会主义的意识形态作为高校网络思想政治教育的根本原则；针对西方敌对势力的思想、文化渗透，将网络教育与大众的网络日常生活相融合，增强网络思想政治的教育影响力与渗透力，抵制网络不良信息对大学生的文化侵略和思想污染。马克思主义基本原理是分析和解决问题的世界观与方法论。我们应坚持科学性和方向性的统一，牢固树立科学的马克思主义唯物辩证法思想，坚持马克思主义思想的主导地位，以马克思主义科学理论为指导，引领各种社会思潮，坚持社会主义的核心价值观，增强网

络思想政治教育的引导力和影响力。在实践中，我们要坚持用马克思列宁主义、毛泽东思想、邓小平理论、“三个代表”重要思想、科学发展观、习近平新时代中国特色社会主义思想等科学理论体系来指导大学生，净化大学生的灵魂。

（二）虚拟性与现实性相结合的原则

虚拟性是网络的特殊属性。网络作为一种与现实相对虚拟的空间，是对现实生活的延伸。网络与现实虽然处于两个不同的空间，但两者之间却存在相互联系和相互影响的关系。我们要将线上教育与线下教育相结合，通过网络各种载体进行教育宣传，重视报刊、广播与电视等传统媒体的作用，同时加大网络宣传的力度，增加网络教育的实效性。从虚拟社区到真实世界，我们更加能够清楚地发现，多样的表情符号，终究还是代替不了真实灿烂的笑容和深情的凝视。网络虚拟世界尽管在一定程度上是现实世界的缩影与重现，是对现实生活的一种直接或间接的反映。但网络并不是解决大学生所有问题的“灵丹妙药”，网络教育只是思想政治教育工作的一种有效方式，有许多思想政治教育的问题还是要在社会实践和生活中去解决。同时，目前网络思想政治教育方法的理论滞后于实践的发展，“两张皮”现象依然存在，网络思想政治教育是现实思想政治教育的折射与延伸，两者之间是相互补充的关系。因此，高校思想政治教育工作者在传授理论知识的同时，应坚持理论教学与网络实践相结合的原则，注重理论与实践的融合；在利用网络进行思想政治教育的同时，要做到与线下联动，发挥高校思想政治理论课课堂教育的主渠道作用，把网上教育与网下教育结合起来，形成育人合力，做到理念上的契合与行动上的统一、虚拟性与现实性的统一。

（三）教育与自我教育相促进的原则

长期以来，因受传统教育的影响，我国高校开展的思想政治教育往往是单向的，教育者将自己放在主体位置上，忽视了对学生的关注，课前课后互动较少，造成高校思想政治教育生态系统主体与客体之间缺乏深入的互动沟通和交流。一些学生的心思不在学习上，也没有求知欲望，往往被动接收教育者的信息。这严重阻滞了高校思想政治教育活动的良好开展，也无法达到培养新时代社会主义合格建设者和接班人的要求。正所谓“授人以鱼不如授人以渔”，高校开展思想政治教育，不能过分强调教育者和大学生之间的“一亩三分地”，而应打破隔阂，加强双向沟通，将自育与他育相结合。高校要充分尊重和关爱每一个教育客体的主体地位，调动他们的主动性、积极性和创造性，重视学生的现实思想问题、个人价值观念、身心特点等；要根据每个学生的特性，有针对性地开展切实有效的大学生思想政治教育工作。同时，网络为大学生的自我教育提供了丰富的学习材料，提高了大学生的主体性，拓宽了大学生的眼界与视野，有利于将抽象的概念具体化、枯燥的理论生动化，使大学生更加有效地开展自我学习、自我教育。在网络环境中，大学生不再是被填充的“美德袋”或“道德之洞”。教育工作者应从信息的“传声筒”的位置上退下来，要重视学生内在的自我修养与觉悟，鼓励学生进行自我选择、自我判断、自我教育、自我控制、自我评价，做到自觉、自省；应以培养大学生的自我道德修养能力为基础，使大学生自己教育自己，自己管理自己，自觉地对自己的思想和行为进行自我认识、自我矫正。

（四）解决思想问题和实际问题相结合的原则

网络不是万能的，不能解决所有问题。高校思想政治教育工作者要以培养堪当民族复兴大任的时代新人为目标，主动了解大学生在生活上、学习上和工作上的疑问，了解问题产生的根源，有针对性地帮助大学生解决实质性的问题。高校思想政治教育工作者要贴合大学生的兴趣点和兴奋点，关注大学生的思想动态、心理状况和行为特点等，从新时代这个大背景出发，为大学生排忧解难，解决大学生的实际困难，帮助大学生树立正确的世界观、人生观和价值观，提升思想政治教育的实效性。大学生涯是大学生人生历程中的关键时期，也是一个人对社会的认知形成的重要时期。在纷繁复杂的网络世界里，网红等明星的一夜成名，让大学生误认为人的努力奋斗在当下社会中不那么重要，还不如等待偶然的机会。针对诸如此类的现象如果没有进行正确的分析和引导，容易让大学生们形成错误、扭曲的价值观。同时，在网络丰富多彩的娱乐冲击下，严肃死板的课堂教学往往缺乏生机和活力，与“05后”学生个性、张扬的心理特点不相符。如果仍是照本宣科的传统教育模式，不与时俱进，会影响思想政治教育的有效性。高校思想政治教育工作者要把解决思想问题和实际问题结合起来，尊重大学生的个性，把握大学生思想发展的脉络，设置开放的网络，使每名大学生都有发布信息的主动权，允许大学生建立自己的主页，与他人讨论问题、发表意见。思想政治教育工作者还要善于做一名忠实的听众，倾听各种不同的声音，架起与受教育者彼此相互信任、坦诚相待的桥梁，创造更多的机会让大学生表达自己的真实感受，鼓励大学生吐露真情，允许大学生表达不同的意见和独特的见解，把大学生的思想引向积极、健康的方向。

第四节　高校网络思想政治教育方法创新的实现途径

新时代让我们开始思考新形势下如何实现中华民族伟大复兴。毋庸置疑，目标的实现离不开当代大学生。这对于高校网络思想政治教育工作来说也是一次前所未有的考验。为了更好地适应新时代思想政治教育的新要求，高校网络思想政治教育工作者必须创新高校网络思想政治教育方法，通过推动思想政治理论课网络教学方法的实施、深化高校思想政治教育工作网络管理布局、推进大学生自我教育资源平台的多元化建设和加强高校思想政治教育工作者队伍建设四个方面，全面创新高校网络思想政治教育方法，提升思想政治教育的育人功效。

一、推动思想政治理论课网络教学方法的实施

（一）加强思想政治理论课的课程建设

要推动思想政治理论课网络教学方法的实施，首先是要加强新时代高校思想政治理论课的课程建设，将思想政治理论课的线上教学与线下教学有机融合发展。思想政治理论课教师不仅要从理念上意识到在线课程的重要性，还要在实际教学活动中不断创新和丰富思想政治理论课的教学形式、教学内容、教学场所等，将新时代网络技术、网络载体的优势与线下课程的教学计划紧密结合，实现教学方法的创新。

高校思想政治理论课的教学形式要因势而新。在传统的思想政治理论课教学活动中，学生是受教育者，教师只是一味地通过课堂讲学等灌输式的方式进行知识的传授。这种教育方法封闭保守且与时代脱节，学生无法

自觉将理论与当今社会发展实践相联系，从而觉得教育内容呆板、枯燥、乏味，没有积极主动的求知欲和兴趣。因此，这种教育方法完全不符合新时代开展大学生思想政治教育的要求。现如今，信息技术蓬勃发展，应用范围也越来越广，课堂教学也逐渐引入了多媒体等信息技术，思想政治教育的形式更加丰富多元。新时代高校思想政治理论课的教学应依托网络技术，实现教学活动从课堂教学向各个领域的伸延，比如通过微信平台丰富的内容信息，及时将思想政治教育知识融入其中，通过影响力大的公众号，发布积极、健康、向上的观点和内容，倡导正确的价值观念。

高校思想政治理论课的教学内容要因时而进。传统的教学内容局限于书本的固定知识点与框架结构，教育内容不完全契合实际，缺乏整合性。随着时代的发展，高校思想政治教育不断发展完善的要求也日益提高，因此教育内容要因时而进，即呈现出时代性、价值性和创新性。高校思想政治教育工作者应及时更新、丰富和充实思想政治教育内容，将国际、国内发生的重要事件融入教育内容之中，使教育具有时代特色，不与时代脱节；结合大学生的实际，冲破书本的束缚，带领大学生将马克思主义作为思想基础，以此培养他们的政治敏锐性；激发大学生的学习兴趣，使大学生主动消化吸收所学知识，并将其付诸实践运用。

高校思想政治理论课的教学场所要呈现多样性。传统的教学场所紧紧局限在课堂教学和教材中，制约了思想政治理论课的全过程教学效果。在互联网飞速发展下，思想政治理论课的教学场所呈现出传导性、发展性和多样性。教师只有充分运用和发挥网络载体的作用，才能将教育理念有效传达给大学生，在多场景无缝连接模式下进行教学。教师可以通过微信公众号、短视频平台，开发慕课课程、在线课程等，延伸思想政治理论课的课堂场所，使大学生在不知不觉中接受思想政治教育。

（二）推进“线上线下”的教学互动与引导

“线上线下”一词最早用于描述淘宝、京东等网络购物平台相对于传统商场购物平台的一种消费模式。随着互联网在各个领域的渗透，其也给高校思想政治教育方法的创新带来了启示。大学生思想政治教育活动也可以借鉴“线上线下”的教育模式。高校在不断探索开发符合当代社会背景的课程，如慕课等。但是，慕课无法形成“线上线下”的师生互动，容易造成沟通上的脱节等。因此，在新时代网络飞速发展的背景下，高校要打破沟通的瓶颈，实现教学互动。

高校要发挥教育者的引导作用。在“互联网+”时代，高校不应只是开发和利用网络课程、课程网站，或者仅利用直播、短视频等跨平台或多平台交融的软件，应发挥思想政治教育工作者，尤其是思想政治理论课教师在网上的引导作用，注重“灌”和“疏”的关系，充分发挥“线上线下”思想政治理论课程的最大作用，引导学生在良莠不齐的海量信息中学会取其精华、去其糟粕，避免迷失自我。

高校要加强教学的互动性。在引导大学生参与网络思想政治教学方面，思想政治教育工作者应该突破时间和空间的互动方式，以大学生喜闻乐见的方式加强教学互动，督促大学生积极参与每一次教课活动。手机、平板电脑等设备已成为大学生获取信息的重要媒介和工具。在进行线下课堂教学过程中，思想政治理论课教师可以借助“雨课堂”等授课软件，设置课堂小问题，让大学生通过手机发布弹幕的形式进行互动。师生之间、生生之间同时在线，时时留言交流互动，可以增强思想政治理论课的体验感。教育过程不再是单方面地掌握在思想政治教育工作者的手中，受教育者的主体地位得到显著提升。同时，受教育者可以更加轻松自如地表现自我较为真实的求知状态。这样有利于思想政治教育工作者更加及时有效地了解受教育者的发展情况，增强网络思想政治教育的针对性。

（三）创新思想政治理论课网上考评方式

思想政治理论课的教育教学环节包括思想政治理论课的教学环节、思想政治理论课教师对学生的考核环节和评学环节、学生对思想政治理论课教师的评价环节等方面。互联网的发展改变了人与人之间的交流方式。有效利用网络媒介来进行思想政治理论课的教学考核能够促进教育的个性化发展，实现教育内容多元化、教学方式多样化发展。

传统思想政治理论课的考核仅通过平时成绩的记录等书面考核方式体现出来。随着互联网技术和移动终端的发展，如微信、微博等社交媒体的广泛运用，已经成为人们接收第一信息、进行信息交流、产生对人对事的初步印象的重要途径。思想政治理论课教师可以通过利用“雨课堂”等互联网工具来实现对学生平时成绩的记录、发布课堂作业等，完全不受空间、时间、地点的限制，在一定程度上减轻了思想政治理论课教师的工作量。思想政治理论课教师在期末对大学生开展学习评价工作时，经常要受到各个方面的影响，而借助“雨课堂”等互联网工具，可以自动生成大数据，对学生的出勤情况、回答问题情况等进行可视化评估，可以随时对本班学生的学习效果进行评估，从而更好地全方位、全过程参与到大学生的学习中来。同时，思想政治理论课教师采取网上考核的方式，削弱了因师生关系或年龄差异而在当面交流时所产生的距离感和生疏感，更加真实地反映出受教育者的教育水平，促进新型师生关系的建立。

二、深化高校思想政治教育工作网络管理布局

进入新时代，高校网络思想政治教育方法的创新发展始终坚定不移地以科学的马克思主义为理论指导，紧紧围绕构建日常思想政治教育工作多元化网格管理机制，构建起网络化的校园、社区、家长联动格局，打通思政小课堂与社会大课堂的链接路径，提升教育渗透度，进一步提高大学生思想政治教育的有效性。

（一）强化日常思想政治教育工作的多元化网格管理机制

辅导员是传达思想政治教育信息进行思想政治教育的实践者，是大学生日常思想政治教育工作的主要负责人，是与大学生关系密切，在大学生的生活、学习过程中给予关心、帮助和支持的人。辅导员工作非常繁琐，负责学生的课堂教学考勤、寝室文化建设、班级管理等，需要花费大量的时间和精力。互联网时代的到来，给高校思想政治教育工作带来了挑战与机遇。高校作为思想政治教育的重要阵地，应强化和完善思想政治教育工作多元化网格管理机制，建立一支政治觉悟高、思想素质好、业务能力强的辅导员队伍，再由这支队伍建立一支学生干部队伍，由上至下对大学生日常网络动态予以关注，对大学生出现的不正常行为问题做到及时处理，及时发现大学生的思想特点，积极引导大学生关注社会热点话题，最大限度地发挥网络思想政治教育的价值，从而健全日常思想政治教育工作的网格管理机制。

（二）实现网络化的校园、社区、家长联动格局

习近平总书记强调：“要坚持把立德树人作为中心环节，把思想政治

工作贯穿教育教学全过程，实现全程育人、全方位育人，努力开创我国高等教育事业发展新局面。”构建网络化的校园、社区、家长联动格局，就是要构建家、校、社一体化的思想政治教育管理模式。

家庭是教育的第一场所，是高校思想政治教育的发源地和基础。在个体接受的所有教育中，家庭教育可以说是一切教育的源头，在个体的人格塑造过程中是不可或缺的，对个体的影响是持续且深远的。因此，家长一定要尽到教育孩子的义务，让孩子在家庭之中也能接受到一定的教育，从而补偿学校教育的不足之处。同时，家长也是思想政治教育主体，与其他主体一样也要以身作则，不断提高个人素养，为孩子树立好的榜样，引导孩子形成正确的价值观。

学校是大学生思想政治教育的主战场，不仅要加强自身环境建设，还要加强与家庭、社会环境的联动。因此，学校要注重自身教育环境的建设，可以组建 QQ 群、微信群，开设学校公众号等，及时将学校的教育内容、教育资讯传播给教育客体，以弥补家庭教育和社会教育的不足。同时，学校要加强与家庭、社会的沟通联系，不能一味地闭门造车，要防止“只缘身在此山中”现象的出现。

社会环境对思想政治教育生态环境的影响也是至关重要的。因此，国家应维持良好的经济秩序，在经济层面营造良好的思想政治教育环境；落实反腐倡廉精神，纠正不良风气，营造风清气正的氛围，在政治层面打造良好的思想政治教育环境；在社会主义核心价值观的指导下，继承和发扬优秀传统文化，以主流文化育人塑形，在文化层面打造良好的思想政治教育环境。

不管是家庭、学校还是社会，都或多或少地影响着大学生的思想政治教育效果，并且这种影响是联动的。其原因在于家庭、学校和社会相互之间也会制约、促进以及影响。要实现网络化的家长、校园、社区的联动机制，我们还要将网络工具利用起来，建立一个能让家长、学校和社会共同参与大学生管理的现代化网络体系。家长、学校和社会可以第一时间掌握与了解学生的思想特征和行为特点，发现问题及时处理，打通思政小课堂与社会大课堂的链接路径，实现全方位育人。

三、推进大学生自我教育资源平台的多元化建设

当代大学生的思想、行为特点相较于“90后”的大学生截然不同，他们更强调“我”这个概念，逐渐由“灌输式”的学习方式向自主学习转变。因此，当代大学生对网络资源平台的要求更高了。他们不仅要求在网络技术上予以改进和提升，在学习方式上也要求考虑大学生的自主学习特点，进而推进新时代大学生自我教育资源平台的多元化建设，创新大学生网络思想政治教育方法。

（一）创建共享的大学生网络思想政治教育特色网站

中国互联网络信息中心（CNNIC）发布的第55次《中国互联网络发展状况统计报告》显示，截至2024年12月底，中国网民规模高达11.08亿人，网民人数中学生群体规模最大，成为网民的主体。从全国各个高校来看，大部分高校都有自己的思想政治教育专题网站和微信公众号，这些成为高校开展网络思想政治教育工作的主要阵地。网站建设的形式已经具备了，但网站内容却较为过时和闭塞，没有紧跟时代发展的趋势，网站内容未能进行全社会区域共享。2017年，重庆工商大学成立了思想政治理论课综合实践中心，开发和设计了颇具特色的思想政治理论课综合实践教学平台。该平台把大学生思想政治教育内容从课堂教学延伸至线上线下活动之中，大学生通过在该平台提交国情社情调研、真情传递、品味经典、激荡理性、明晰意见、红色主题参访等六大思想政治教育实践环节作业，撰写心得体会和感悟，教师批阅并进行点评互动，实现了线上线下班级共享、教师学生交流并行的教育模式。这一模式提高了大学生的参与度，切实增强了思想政治教育的实效性。该平台在承担思想者政治教育功能的同时，也成为展示重庆工商大学学子学习思想政治理论课成效的窗口之一，深受大学生的青睐。同时，该平台还可以将国家最新的政策、方针，思想政治教育领域最新的内容等及时地发布在共享网站或微信公众号上，坚持积极正确的舆论导向，让大学生不论何时何地都能进入网站进行自主学习，强化学习的主体性，加强大学生的自我教育，使大学生在愉悦的情境中潜移默化地接受思想政治教育，实现新时代校园网络文化育人。

（二）开展形式多样的大学生自我教育网络联动活动

网络已经悄无声息地改变了高校大学生的生活、学习和工作的方式，在思想政治教育网站或平台已经逐步改进及完善的情况下，大学生开展形式多样的自我教育网络联动活动已成为创新高校网络思想政治教育方法的主要策略。互联网平台的即时性、便捷性等特征非常适合大学生开展网络自我教育活动，并且可以针对自我教育成果进行考核。一是思想政治教育学习的应用程序可以将大学生参与思想政治教育活动的情况以积分的形式呈现出来，让大学生能查看自己的学习情况；可以将学习积分进行排名，从而能调动和激发大学生的内在学习动力与积极性。二是思想政治理论课的课堂教学可以开启弹幕，让大学生在学习过程中进行互动；将互动相关数据作为平时成绩的考核依据，进而将学习过程和考核过程透明化、公平化。三是思想政治教育网站或平台可以对大学生进行全面、综合的考核和评价，发挥互联网隐匿性的积极作用。在互联网背景下，每个大学生都是独立的个体，并且具有相对隐匿性。思想政治教育工作者在对大学生进行考核时，不会因为个人情感的因素影响期末评价考核的公平性，增强了学习评价的真实性。将以上三种方法结合起来，可以从知识层面、认知层面激发大学生学习的积极性，增强大学生自我教育的能力，提升大学生思想道德素质，让大学生体会到自我教育带来的成就感。

四、加强高校思想政治教育工作者队伍的建设

2022 年，习近平总书记在考察中国人民大学时强调："培养社会主义建设者和接班人，迫切需要我们的教师既精通专业知识、做好'经师'，又涵养德行、成为'人师'，努力做精于'传道授业解惑'的'经师'和'人师'的统一者。"随着新时代互联网融合发展，建设一支素质过硬的高校思想政治教育工作队伍迫在眉睫，也成为创新高校思想政治教育工作方法的关键环节。

（一）优化思想政治教育队伍的人员结构

在传统的思想政治教育环境下，思想政治教育工作队伍主要以思想政治理论课教师、辅导员、学校党政干部为主体，队伍比较单一和薄弱，且无法适应新时代大思政背景下的新要求。高校应不断优化思想政治教育队

伍的人员结构，配齐配全各种力量，构建全过程、全方位、全员育人的网络思想政治教育模式。

中共中央、国务院印发的《关于新时代加强和改进思想政治工作的意见》指出，高校应配齐配强思想政治教育工作骨干队伍，打造专兼结合的工作队伍。因此，高校思想政治教育队伍应在原有队伍的基础上进行补充和调整。一方面，随着互联网的飞速发展，思想政治教育工作有序、高效开展离不开网络的应用，网络环境安全、网络信息及时发布、网络问题有序解决，都需要专业的网络技术人员进行处理和维护。因此，高校应配备一支网络技术业务精湛的思想政治教育专职工作队伍，负责对网络环境实行全方位的监控和管理。同时，高校还可以对思想政治教育工作者开展网络素养、技巧等方面的培训工作。另一方面，当前的大学生大部分都是“00后”“05后”，往往是在父母的溺爱中长大的，没有经受过太多挫折，大学校园频频出现因心理问题引发的安全事件。因此，高校应建立健全一支专业的心理咨询队伍，充实思想政治教育工作队伍。从事心理咨询工作的教师可以是兼职的，也可以是专职的，既要负责对全校学生心理健康的帮扶和监测，也要以多种方式协助思想政治教育工作者，提供专业的心理咨询技术帮助和培训指导。高校应整合各方资源，健全心理服务体系，建立一支精良的思想政治教育队伍，统筹推进思想政治教育工作。

（二）健全思想政治教育队伍的管理培训体系

高校的思想政治教育工作涉及范围比较广，内涵丰富，不仅包括思想政治理论课教育教学工作，还包括对学生的职业生涯规划、心理帮扶和心理咨询，引导学生弘扬民族精神和时代精神，加强爱国主义、集体主义、社会主义教育及社会主义核心价值观的宣传教育。但目前高校思想政治教育工作队伍素质参差不齐，部分教育者的教育教学能力不足、技术比较落后，讲授形式和内容不能吸引学生的注意力。个别教育者在处理当下敏感性话题时不符合思想政治教育工作者的身份，缺乏坚定的理性信念。

高校的思想政治教育工作内涵丰富，不仅包括教书育人和思想宣传，还涉及大量的管理培训工作。客观地说，在高校思想政治教育队伍中，存在着部分思想政治教育者理论功底较差、学科专业素养和教育专业素养较低、思想政治素质亟待提高的现象。某些教师在涉及敏感话题和政治问题上，言论不符合思想政治教育工作者的形象，在事关政治原则和政治立场的重大问题上，思想和行动与党中央不能保持一致。针对这部分教育者，高校应高度重视并严格管理，为高校的思想政治教育队伍溯本清源。因此，健全思想政治教育队伍的管理培训体系迫在眉睫。在培训机制上，国家应建立国家级、省级、市级、校级等全方位立体培训体系，让思想政治教育工作者了解自上而下的制度规范和行为要求。在培训人员范围上，思想政治教育队伍的培训应包含以辅导员、学团办主任、党总支副书记组成的学生工作队伍，思想政治理论课教师，心理咨询专兼职教师，学校的党政干部等。在培训形式上，高校思想政治教育队伍可以采取线上线下两级培训模式，既有线上远程学习，也有线下的专题研修班、社会考察等。在培训内容上，培训应涵盖国家方针政策、教育教学方法、应对突发状况的处理技巧、心理咨询方法、网络技术等。

（三）提高思想政治教育队伍的业务能力

高校是培养社会需要的全面发展的人才的基地，是马克思主义理论的重要阵地，是大学生走向社会的重要训练场。为完成这一艰巨而光荣的任务，高校必须拥有一支立场坚定、业务精良、思想政治素质较高的教育队伍。

一是夯实牢固的理论基础。新时代的思想政治教育工作者要做马克思主义的传播者，筑牢马克思主义理论的“根基”，精湛学习、深刻领悟、知行合一。思想政治教育工作者必须通过读原著、悟经典，全方位、立体化地展开学习，追求更深层次的理论知识吸收和更牢固的理论知识把握，对知识的学习既要贴合实际，又要跟上时代的脚步，积极在实践中运用理论，将理论充分内化于心、外化于行。除此之外，思想政治教育工作者要从自身做起，不断夯实自己的思想政治理论基础，无论是外在现象，还是内在规律，都要进行全面、综合学习，在此基础上开展相关科研工作，筑牢理论学习的根基。

二是形成过硬的个人素养。“古之学者必严其师，师严然后道尊。”思想政治教育工作者的一言一行在思想政治教育过程中会给大学生带来暗示效应。假如教育主体无法坚守马克思主义信仰，理想信念有所动摇，容易给处在人生“拔节孕穗期”的大学生带来错误的思潮。正所谓“亲其师，信其道”，思想政治教育工作者必须在“学高”和“身正”上下功夫，以身作则，以德示范，凭借自身的知识素养浸润大学生，让大学生沐浴在真理之中，点燃大学生心中真善美的火焰，并使之熠熠生辉。

三是切实提高教育能力。古人云：“教师者所以学为君也。”思想政治教育工作者要具备敏锐的洞察力，及时捕捉教育客体的思想动态，把握教育的着力点，提高教育的实效性；要提高语言表达能力和书面写作能力，以便让教育客体及时、准确地接受教育信息；要具备一定的网络教育能力，引导教育客体用马克思主义理论的观点和方法抵御网络中的错误思潮。

四是培养互联网思维和技术水平。当前，个别教师单纯地认为，只要在教学中运用电脑就是顺应“互联网+”时代的表现，这是不正确的。思想政治教育工作者，尤其是教龄比较长的教师应树立互联网思维，准确把握社会趋势，熟悉并运用网络技术，掌握计算机基本操作方法，在教学中引入信息化设备和软件，参与教学方式创新和改革。

第五章 高校网络思想政治教育载体架构研究

新时代网络信息技术的飞速发展，极大地转变了人们的信息交流传播模式。大学生作为新时代网络“原住民”，其思想动态和行为特征都深受网络空间的影响。传统的高校思想政治教育载体在互联网时代已经逐渐凸显了其弊端。当前，对高校网络思想政治教育载体进行架构研究已经成为高校与时俱进开展育人工作的时代之需。本章从高校网络思想政治教育载体的内涵、分类与变迁，高校网络思想政治教育载体拓展的必要性，高校网络思想政治教育载体的拓展与架构三个方面进行研究，探索新时代高校网络思想政治教育载体的新发展新路径。

第一节　高校网络思想政治教育载体的内涵、分类与变迁

高校网络思想政治教育载体是思想政治教育传统载体在互联网时代的产物，深入研究其相关概念是准确把握高校网络思想政治教育载体架构的前提。

一、网络载体的内涵

载体是指某些能传递能量或承载其他物质的物质，现也泛指一切能够

承载其他事物的事物，包括有形的、无形的客体。网络载体是以网络技术为支撑的基于信息传递所衍生的所有活动，通常可以分为网络文字载体、网络图片载体、网络视频载体①。

受限于技术、硬件的限制，最初网络只能以最容易传播、最节省资源的文字方式进行传播。因此，文字是最早出现的一种载体形式。其主要传递的是深度的思想，体现了主体在思想认识上的程度，也是受众评价内容专业度的一个标尺。这决定了文字载体一般用于传递具有深度思考意义的内容。不可否认，文字依然是当今社会信息的主流表现形式，并且受众范围相对广泛。但文字的表现形式比较单一，在信息传递的时候不会产生太多的干扰。随着互联网技术的不断发展、更新，相比于图像、视频等形式，文字呈现方式略显单调，受众对文字载体的兴趣有所降低。

随着技术不断进步，在一些情况下，当文字的传递遇到局限性的时候，人们就需要通过图像这种表现形式拓宽传递内容的范围，因此图像成为互联网上的重要社交载体是历史的必然。图像载体更多传递的是想象力。图像载体丰富了文字载体的内容、形式，传递的信息量更大，在表达情感、态度，揭示状态，描述事物方面更加直观，更有冲击力。但图片也有很强的局限性，同样一张图片很可能有不同的解读，如果没有文字的注释，很可能出现误读。此外，在表达复杂逻辑、状态的变化等方面，图片也存在局限性。

网络视频载体是文字载体和图像载体的一大突破。视频载体可以承载文字、声音、图像，能够多维度调用人的感知能力，因此视频载体更多传递的是体验感。视频作为新兴载体，具备感染力强、形式内容多样、肆意创意等特点，其传递信息的优势是不言而喻的，并且视频独特的表现方式可以在短短几分钟内把核心内容完全展现给受众。但随着视频涉猎的信息范围越来越广泛，其内容良莠不齐，加之大多数受众缺乏全面的思考，因此越来越多低俗和反智的内容也在拉低人们的审美下限。

不同类型的网络载体都有其不可替代的作用，在为人们传递信息的同时，也会带来许多负面影响。因此，我们在选择载体的过程中，要理性思

① 徐建军. 大学生网络思想政治教育理论与方法［M］. 北京：人民出版社，2010：31.

考，要依据被“载”信息的性质、受众的特点以及希望达成的目的进行判断，以此实现网络载体的最优化利用。

二、思想政治教育载体的内涵

20 世纪 90 年代，“载体”这一概念进入了思想政治教育领域，形成了“思想政治教育载体”的概念。思想政治教育载体是指在开展思想政治教育的活动中，能够承载和传递思想政治教育的内容或信息，能为思想政治教育主体所运用，促使思想政治教育主客体之间相互作用的一种活动形式或物质实体。思想政治教育载体属于思想政治教育方法论的范畴。管理工作、文化建设、大众传播、精神文明创建活动等，都可以成为思想政治教育载体。思想政治教育主体正是借助这些活动形式对思想政治教育客体进行教育并与其开展双边互动活动，从而实现一定的教育目的①。

思想政治教育载体的内涵主要表现为传承性、中介性、实践性、发展性。传承性是指载体能够传承和承载思想政治教育的内容与信息。传承性是由实施思想政治教育过程中承载物与受载物之间的运动过程表现出来的。受载物，即思想观念、道德观点等，通过承载物（语言、行为等表现手段）传承到教育客体，为他们所感知、接受、理解、认同，使思想政治教育信息发生交流、传播。中介性是指思想政治教育载体连接了教育活动中的主体客体。思想政治教育载体为主客体进行信息传递交流提供了阵地和平台，使主客体之间产生了相互影响和作用，实现思想政治教育信息从外化到内化的过程。实践性是指思想政治教育载体既是思想政治教育实践活动的产物，又是思想政治教育实践活动的形式，并直接影响思想政治教育活动的成效。思想政治教育载体从实践活动的经验中提取而来，又用于指导新的实践活动。发展性主要表现在思想政治教育载体随着时代、环境的变化不断拓展、创新，凸显了思想政治教育载体的与时俱进。思想政治教育载体不断发展、不断变化的运动过程就是思想政治教育载体发展性的表现。

---

① 陈万柏．思想政治教育载体论［M］．武汉：湖北人民出版社，2003：147.

三、高校网络思想政治教育载体的内涵

互联网时代飞速发展，网络无处不在，网络教学也逐渐被高校重视起来。教育者开始尝试利用网络文字、图片、视频来传递和交流信息，由此网络载体便运用于思想政治教育活动中。建设网络思想政治教育载体已成为高校的大势所趋。这既是对高校网络思想政治教育传统载体的拓展，也是适应新时代高校育人工作的内在需要。

高校网络思想政治教育载体是指利用网络作为教育主体和客体的中介，运用互联网技术（如图文、视频等表现形式）承载教育活动中所需要传递的思想政治教育内容，以引导大学生形成正确的思想、政治、道德观念，树立正确的世界观、人生观、价值观，帮助大学生实现自身全面发展①。高校网络思想政治教育载体的内涵主要表现为以下四个方面：

（一）传播内容的开放性

开放性是网络最根本的特性。网络载体相比传统载体承载信息量更大、覆盖面更广。一方面，教育者的教育资源不再仅限于面对面地分享给受教育者，而是可以随时随地共享给其他教育主体和客体，不再局限于教室或某一固定场所，打破了知识的地域限制。另一方面，网络信息实时更新，为高校思想政治教育提供最新的信息资讯，教育者和受教育者可以即时关注到思想政治教育的最新热点、前沿问题。此外，网络载体涵盖的内容丰富多样，涉及方方面面、不同领域的信息，思想政治教育不再仅限于书本上、课堂上的知识，而是可以代入实际生活领域。高校思想政治教育工作者可以运用这一点，获取海量的相关资料和信息，挖掘思想政治教学资源，丰富教育素材，吸取先进的研究成果，丰富高校思想政治教育信息，紧跟思想政治教育的方向。

（二）传播信息的便捷性

相对于传统载体，网络发送信息时间短、接收信息速度快，受制约因素少，几乎不受任何时间和地域的限制。只要在移动互联网络覆盖的全球任何地方，用户在任何时间都可以搜索信息、查阅信息、发布信息。受教

① 王学俭. 现代思想政治教育前沿问题研究［M］. 北京：人民出版社，2008：22.

育者通过手机、电脑或其他智能终端能够快速发布信息和及时接收教育者传达的信息。网络载体能够很好地实现对受教育者进行消息扩散的作用，这是传统思想政治教育载体难以企及的。此外，教育双方还可以利用网络平台，选择不同类型的网络载体达到实时交流的目的，省略了中间纷繁复杂的环节，不再被传统的面对面的说教形式所限制，实现了跨时空、跨地域的信息交流。

（三）传播方式的交互性

传统思想政治教育载体都是倾向于单向的知识灌输，也就是单向传播教育模式。这导致了在思想政治教育活动中，教育者通常占据主导地位，而受教育者往往处于被动的地位，加之碍于传统的“师者为大”的教育观念，受教育者即使有相悖的见解，也不会充分表达出来，进而使得信息反馈滞后。因此，教育双方的交流方式会显得不对等。在借助网络载体开展育人活动时，互联网使每个人在现实世界中的角色地位弱化，受教育者不再拘束于教育者的权威身份，传教和受教的单向教育过程被弱化，每个人都可以角色互换，成为教育者和受教者。由于教育双方都处于虚拟环境中，氛围相对轻松，因此在整个思想政治教育的过程中言论相对自由。教育双方可以充分表达所思所想，相互学习讨论，达到良性的学习循环，全面激发高校思想政治教育工作的持久效能。

（四）传播对象的特定性

随着社会的进步与发展，“雅俗共赏”和“老少皆宜”的时代已经成为过去式。在互联网时代，教育对象需要细化，即根据不同受教育者特性来设计有差异化特征的产品，从而适应不同群体的个性化需求。高校在面对学生的不同个性、受教育程度、思想状况进行思政教育时既要注重整体，又要区分层次，把整体上的“大水漫灌”和因人而异的“精准滴灌”紧密结合起来，如此才能让每滴“教育之水”都能渗透到学生的思想之“根”上。通过移动互联网平台，教育者可以依据不同层次的学生来确定思想政治教育内容，以实现分众传播。同时，学生也可以依据自身的兴趣、喜好来选择适合自己的内容进行学习。移动互联网平台凸显了受教育者的主体性，调动了受教育者的学习积极性。

四、高校网络思想政治教育载体的分类与变迁

互联网技术进步、受众消需求升级，互联网对教育行业的渗透正在不断加强，出现了各种类型的教育领域网络载体①。依据其载体的功能形态不同，高校网络思想政治教育载体可以进行分类。

（一）高校网络思想政治教育载体的分类

1. 高校网络思想政治教育主题网站

高校网络思想政治教育主题网站是高校在运用互联网技术的基础上，将思想政治教育内容投放到校园网站或专题网站，承载思想政治教育教学内容，并将其传递给受教者，以推进、完善高校思想政治教育工作而发展起来的一种网络载体。目前，思想政治教育主题网站已成为高校开展育人工作的主流阵地。在网络时代，信息纷繁复杂，各种价值观、思潮扑面而来，吸引着大学生的眼球。大学生处于身心发展还不完全成熟的阶段，在此关键时期对其进行思想引领，对于大学生成长成才而言具有重要作用。高校网络思想政治教育主题网站的根本目的是开展育人工作，网站的内容大多是马克思主义理论、党的政策方针、国家最新动态等，旗帜鲜明地表达了高校思想政治教育工作的意识形态立场，奏响了高校育人工作的主旋律，具有明确的导向性。

2. 高校网络思想政治教育新媒体平台

新媒体平台是互联网快速发展的产物，是在互联网环境下成长起来的传播平台。随着新媒体平台如火如荼地发展，绝大多数高校都意识到了利用新媒体平台开展思想政治教育工作的重要性。目前，高校网络思想政治教育常使用的新媒体平台包括微信、微博、短视频等，采取创办微信公众号、高校官方微博等形式来开展育人工作。相比于传统媒体平台，高校采用新媒体平台更能迎合当代大学生的网络使用的行为习惯。高校网络思想政治教育新媒体平台改变了传统的信息传送模式，丰富了思想政治教育资源，创新了思想政治教育形式，拓宽了思想政治教育渠道，也为思想政治教育的日常化、生动化、趣味化提供了切实可行的工作着力点。

---

① 孙翠茹. 高校思想政治教育网络载体研究［D］. 沈阳：辽宁大学，2018：122.

3. 高校网络思想政治教育平台

高校网络思想政治教育平台由高校建立，依托网络平台，以传播高校思想政治教育相关理论为内容，呈现形式包括图文集、短视频、微课等，涵盖了育人、教学、激励、管理、评价等功能，是以信息共享、栏目共建、学习交流、社会实践于一体的综合性网络思想政治教育平台。相对于高校网络思想政治教育主题网站，高校网络思想政治教育平台的教学内容更丰富，教学形式更多样，更突出交互性、趣味性；相对于高校网络思想政治教育新媒体平台，高校网络思想政治教育平台的教学内容更具有鲜明的导向性、正面性。高校网络思想政治教育平台在网络思想政治教育中发挥着重要作用，也逐渐成为高校网络育人的新阵地。

（二）高校网络思想政治教育载体的变迁

1. 高校网络思想政治教育载体形态的变迁

高校网络思想政治教育载体形态的变迁主要体现在两个方面：一是由传统载体向网络载体的变迁，二是由最初单一形态的网络思想政治教育载体拓展为多形态网络载体。一方面，传统的高校思想政治教育载体主要分为教学载体、管理载体、活动载体、文化载体，表现形式大多为课堂教学、自我管理、社会实践和校园文化等，受时间、地域等因素的制约。随着互联网的发展特别是与教育行业的融合，高校逐渐引入使用网络思想政治教育载体，构建线上线下一体教学模式，突破了时间、地域的限制，使高校思想政治教育工作向前推进。另一方面，互联网技术的飞速发展使得高校网络思想政治教育载体多样化发展。最初的电台、广播、电视等传统媒体载体演变至如今的网页媒体、社交媒体、自媒体等多种形态的新兴载体。这是高校网络思想政治教育载体形态与时俱进的体现。

2. 高校网络思想政治教育载体功能的变迁

一是高校网络思想政治教育载体信息传播功能的提升。移动互联网时代赋予了信息传播新特点。一方面，信息传播时效性增强，教育者可以随时随地传递信息，受教育者能更快速便捷地接收信息，及时与教育者进行信息反馈与沟通，提升了思想政治教育工作的效率。另一方面，信息内容形式更为丰富。高校网络思想政治教育载体传播内容的呈现形式丰富，除文字、图片外，更多以动画、视频来呈现，将刻板的理论生动化，增强了思想政治教育工作的趣味性。

二是高校网络思想政治教育载体舆论引导功能的增强。网络上信息纷繁复杂、鱼目混珠，网络平台因其自身的开放性导致了受众难以去伪存真。但高校网络思想政治教育载体带有正向性、导向性，是网络主流文化的阵地，在互联网时代能够发挥引领舆论、匡正不良风气的作用。此外，高校网络思想政治教育载体具有管理、监督功能，高校教育者能实时监测学生的思想动态变化、言论观点立场，及时引导他们辩证地看待问题，提高信息鉴别能力，以树立正确的世界观、人生观、价值观。

三是高校网络思想政治教育载体互动功能增强。交互功能是网络载体的特殊功能，是指网络除提供技术性的工具之外，还能引导使用者加入互动的活动过程中，让思想政治教育对象和受教育者平等自由地交换意见。教育者和受教育者之间的双向互动是思想政治教育的重要特点，网络传播方式的交互性为在网上实现两者之间的互动提供了技术条件，拓展了思想政治教育的空间。以网络为载体的高校大学生思想政治教育工作是一种通过网络进行的社会互动沟通，是一个情感传播的过程，是在网络信息的平台上实现人的社会交往和情感传播的双向互动行为。网络媒体的交互功能对大学生的社会交往和沟通具有十分重要的意义。

第二节　高校网络思想政治教育载体拓展的必要性

中共中央、国务院《关于进一步加强和改进大学生思想政治教育的意见》提出：“全面加强校园网的建设，使网络成为弘扬主旋律、开展思想政治教育的重要手段。”高校要利用校园网为大学生学习、活提供服务，对大学生进行教育和引导，不断拓宽大学生思想政治教育的渠道，拓展其空间。进入新时代，党和国家不断重视大学生网络思想政治教育工作。在此背景下，高校应把握好网络思想政治教育载体拓展的必要性，不断探索网络思想政治教育载体建设路径。

一、高校网络思想政治教育载体拓展的时代境遇

网络时代显著的特点是信息传播效率大大加快、信息资源能够得到更

好的整合、媒介环境变得更加开放。这些给高校思想政治教育工作带来了更大的挑战，要求高校思想政治教育工作者敏锐地发现问题、积极应对网络时代背景下的机遇与挑战。

（一）高校网络思想政治教育载体拓展的时代机遇

习近平总书记指出："推动思想政治工作传统优势同信息技术高度融合，增强时代感和吸引力。"在国家实施教育强国战略的背景下，高校网络教育水平的提升、网络技术的迅速发展与广泛应用以及高校大学生对网络载体的广泛使用为高校网络思想政治教育载体拓展带来了契机。

1. 高校网络教育水平的提升

网络为新时代高校思想政治教育发展了新阵地、新平台。高校网络教育水平与时俱进提升也推进了网络载体在思想政治教育领域的应用。一方面，高校越来越重视个人网络思想政治教育教学能力，为高校提供网络教学课程资源、专业教学培训，并提供相关网络技术支持，凸显了高校对思想政治教育网络载体利用的重视程度。另一方面，高校思想政治教育者主动运用网络载体开展教学的意识逐步增强，充分认识到了开展网络思想政治教育的紧迫性和重要性。网络载体已被广泛应用于课堂教学、课后服务，让思想政治教育相关理论在寓教于乐中被受教者接受。

2. 网络技术的迅速发展与广泛应用

网络技术的发展改变了现代教学模式，实现了教学资源的共享与充分利用，有效改进了教与学的方式。其一，网络技术的发展有利于丰富高校思想政治教育教学资源。例如，网络载体使得传递信息的方式不仅限于数字和语言，还包括图像和视频。网络技术的多种功能优化了教学过程，可以达到色彩逼真、形声并茂的效果。这种音画结合既可以再现场景，也可以创设情景，使高校常规教学富有情趣。其二，网络技术积极拓宽了受教者接受思想政治教育的渠道，并丰富了相关手段。例如，网上讲座、远程视频会议等，这种远程式教育模式为思想政治教育提供了更广泛的传播途径，受教者可以根据自身情况有效利用合适的渠道或方式进行学习。其三，网络技术的应用增强了高校思想政治教育时效性。网络信息技术的快速发展可以辅助思想政治教育工作者更加便捷地了解当代大学生的思想动态。更好地掌握当代大学生的思想动态就可以更好地为广大学生服务，及时对他们的思想动态开展积极有效的指导。

3. 高校大学生对网络载体的广泛使用

网络载体逐步成为大学生获取和交流信息的重要方式。新时代的大学生在学习和生活上具有追求新鲜时尚、思想活跃、适应能力强、易于接受新生事物的特点。根据第 52 次《中国互联网络发展状况统计报告》的数据，截至 2024 年 12 月底，我国网民规模达 11.08 亿人，互联网普及率达 78.6%。其中，20~29 岁年龄段的网民达到了 17.3%。互联网已经成为当代大学生重要的学习、社交、娱乐工具，在他们的成长过程中所发挥的作用日益凸显。尤其在新冠疫情的特殊背景下，互联网成为大学生学习和交流必不可少的载体，微博、微信、抖音、哔哩哔哩等已成为大学生最常使用的网络载体，占据了大学生大量的课余时间。因此，大学生对网络载体的广泛使用也为发展网络思想政治教育载体带来了契机，使得网络载体的运用更符合大学生的行为习惯，顺应了新时代高校网络思想政治教育的发展趋势。

（二）高校网络思想政治教育载体拓展的时代挑战

网络思想政治教育载体在推动高校思想政治教育取得突破性成就的同时，也存在着网络载体功能完善不够、部分教育者网络载体运用能力不足以及网络舆论环境存在安全隐患等一些亟待解决的问题。

1. 网络载体功能完善不够

网络载体作为思想政治教育载体的形式之一，既具有一般载体的功能，又具有其自身的特殊性。保证功能、导向功能、交互功能和覆盖渗透功能是网络载体的四大基本功能①。保证功能和导向功能是网络载体在大学生思想政治教育过程中表现出的一般功能，交互功能和渗透功能是网络载体特殊功能的体现。在实际的运用中，高校网络思想政治教育载体的保证功能和渗透功能开发还不完全，成为高校网络思想政治教育载体拓展的挑战。网络载体的保证功能，即高校能保证大学生接受科学的马克思主义理论、中国特色社会主义理论引导，从而形成正确的“三观”。但目前网络载体类型众多，高校选择的网络载体不一。一些网络载体，相较于思想政治教育主题网站具有更强的开放性，其中的信息内容的公信力远远低于

① 徐建军. 大学生网络思想政治教育理论与方法［M］. 北京：人民出版社，2010：31.

高校自主创办的网络载体，在权威性方面也远远低于传统思想政治教育载体，无法全方位实现其保证功能。网络载体的覆盖功能是指受教育者通过访问网络获得思想政治教育信息，受到影响和感化。但在实践中，大学生对这些信息大多是走马观花，并未迁移到日常的学习和生活中。因此，网络功能的开发不足导致了高校在使用各网络载体的过程中无法充分发挥其价值，导致思想政治教育效果的欠缺。

2. 部分教育者网络载体运用能力不足

思想政治教育工作者在思想政治教育工作中扮演着重要的角色，他们的综合素质包括运用载体的能力和水平，并直接关乎思想政治教育工作的效果。思想政治教育工作者除思政课教师外，还包括高校辅导员、其他教师、行政人员和后勤人员等。虽然整体看来高校网络教育水平在不断提升，但仍然存在非网络专业的教育者网络载体运用能力不足。例如，部分教育者缺乏网络载体创新意识。随着科技的发展，不断涌现出的各种新兴网络载体为思想政治工作带来了便利，但大部分教育者选择使用自己习惯熟悉的网络载体进行思想政治教育，不愿去学习拓展新载体运用到思想政治教育工作中，缺乏网络载体创新意识。此外，一些年长的教育者，没有全面认识到网络载体所具有的强大功能，依然采取传统灌输教学理念开展教学工作，无法发挥思想政治教育网络载体的价值。

3. 网络舆论环境存在安全隐患

网络信息存在各种真实信息与虚假信息、主流声音与非主流声音、有价信息与垃圾信息交织在一起的状态，其信息内容基本上是无法控制和检查过滤的。网络的出现和普及使大众传媒对舆论的控制力与监督力受到严重挑战。在网络环境下人们可以自由地选择自己需要的信息，也可以将自己喜欢的信息公布于众，这样使得人们对网上信息的流动很难监控，传统的舆论监督方式在这种环境下失去了优势。此外，网络上的暴力、谣言、淫秽、侮辱性言论等势必会毒害大学生。互联网具有的隐蔽性和匿名性让大学生在使用互联网时没有道德和责任上的约束，道德自律与自我约束往往难以发挥作用，大学生的网络行为呈现出非理性状态。因此，如何加强对网络信息的监控，过滤不良信息，净化网络环境，加强大学生行为约束，是高校拓展网络思想政治教育载体需要突破的一项重要工作。

二、高校网络思想政治教育载体拓展的技术支撑

网络技术攻关是推动高校思想政治教育变革、新时代高校思想政治教育载体得以拓展的重大法宝与重要利器。

（一）互联网技术

互联网作为信息制作和传输的工具已为高校思想政治教育提供了新的技术环境，改变了传统思想政治教育教学模式。互联网技术赋予了高校思想政治教育新特点。开放性与共享性使互联网的任何一个用户都能够生产、发布信息，所有用户生产、发布的信息都能够以非线性方式流入网络之中，因此人们可以共享且自主选择或发布思想政治教育信息。生动性与互动性使数以万计的受众可以同时直接地反馈信息、发表意见，这就从根本上改变了传统思想政治教育交互的局限性。自由性与平等性为思想政治教育主体的创造性活动提供了最好的舞台。快捷性与高效性为人们参与思想政治教育活动提供了更多可自由支配的时间。此外，我国已经建成了以电信网、光纤地网、卫星天网和计算机互联网为代表的三大网络系统，扩大了高校思想政治教育的覆盖面，丰富了教育资源、途径、方法，为思想政治教育传播构建了多途径、多形式的立体式格局。

（二）新媒体技术

在数字经济背景下，云计算、大数据等技术不断重塑着媒体传播的现实场域和发展方向，引领着新媒体时代的到来，为高校思想政治教育创新发展带来机遇，使教学方式信息化、教育资源多样化、教育载体视频化，助力全员育人、全过程育人、全方位育人的深入推进。其一，教学方式信息化。在教学方式上，新媒体技术积极与传统教学方式相融合，比如远程教学、直播教学等活动形式，增强了学习的互动感和体验感。其二，教育资源多样化。在新媒体时代，人人都有麦克风，人人都可发表自己的看法。新媒体媒语境下的信息呈现高速流动与快速迭代状态，各种新的言论伴随社会热点不断出现，丰富了思想政治教育教学资源。其三，教育载体视频化。视频化教学在高校网络思想政治教育中占据了重要的地位，特别是网络短视频因其故事化、视频化、趣味化、精短化的传播特点，更贴近大学生信息接收特点，深受大学生的青睐。视频平台使每一个用户都可以

成为信息传播中心，并经由平台中兴趣关联、好友关注、分享视频等多种功能来实现社交互动，促进优质内容广泛传播。网络视频打破了知识在传播和接受中存在的固有壁垒，以社交为纽带进行知识共享，让知识可以传播给更多的人。此外，网络视频平台根据用户大数据推算，可以使大学生找到与自己志趣相投的人，这为高校思想政治教育提供了新的交互空间。

（三）人工智能技术

人工智能技术的运用给高校思想政治教育实施精准教学创造了可行性。高校思想政治教育精准教学作为精准思政的关键组成部分，是指以精准化的学情识别为前提，对教学内容和教学活动进行精准设计和定制、对教学过程进行精准跟踪和预测、对教学效果进行精准评价并开展精准化教学决策，以满足大学生的个性化学习需求。人工智能技术与高校思想政治教育的积极融合主要体现在三个环节。第一个环节是对大量学生基础性数据进行精准学情识别，包括学生的知识结构、学习方式、认知偏好、思想行为发展的特征和趋势等，准确把握学生的思想诉求和理论需求，精准识别学生的接受方式和表达特点。第二个环节是对学生学习过程进行精准跟踪、预测和评价。其主要体现在两个方面：一方面是学习预警，即对学生的学习状态进行动态跟踪评估，识别和判断其可能存在的学习风险。另一方面是异常行为监测。所谓异常行为，是指学生学习过程中的不规律行为或异于群体状态的个体行为。使用机器学习算法对学习过程数据中隐藏的规律进行探索，可以迅速监测到学生可能存在的异常学习行为，有助于教师及时干预。第三个环节是对精准教学评价和决策。人工智能技术有助于对思政课教学过程进行全周期数据采集和分析，支持教师全面测评学生学习状况、开展全过程教学效果评价。

三、高校网络思想政治教育载体拓展的价值意蕴

网络载体拓展不仅是高校网络思想政治教育载体运用与时俱进的需要，而且是提升思想政治教育实效性的现实需要，最终将服务于大学生的全面发展。

（一）高校网络思想政治教育载体运用与时俱进的需要

习近平总书记强调，“做好高校思想政治工作，要因事而化、因时而

进、因势而新”“要运用新媒体新技术使工作活起来，推动思想政治工作传统优势同信息技术高度融合，增强时代感和吸引力”。在信息化时代，互联网正在改变和影响大学生的学习和生活，网络新技术和新手段正在与思想政治教育不断融合发展。一方面，互联网技术不断革新，随着大数据时代和人工智能时代的到来，网络载体形态也在不断创新。因此，高校积极拓展网络思想政治教育载体，有助于拓展思想政治教育空间、丰富思想政治教育内容、创新思想政治教育手段。高校运用传统单一的网络思想政治教育载体已经无法适应新时代大学生的发展特点。例如，一些高校网络思想政治教育载体仅限于思想政治教育主题网站、微信公众号、官方微博，总体来看，其网络载体的实际运行效果和原先预想的效果相差甚远。许多高校的思想政治教育网站都遇到了点击率低、没有人气的问题。部分大学生认为这些红色网站、红色信息虽然对自己的思想素养方面会有帮助，但过于单调、枯燥，因此对其兴趣不高。另一方面，高校网络思想政治教育面临的困境需要教育载体各自融合技术、发挥合力作用。目前，高校网络思想政治教育载体存在离散与分割状态，不同网络载体虽然各司其职，但是互相联系较少，削弱了高校思想政治教育的整体性，因此出现了学习形式主义、舆论监管不力、网络环境复杂等困境。高校应积极拓展不同类型的网络教育载体，把握其运用规律，充分开发其功能，做到扬长补短，致力于构建全方位的网络育人新格局。

（二）提升思想政治教育实效性的现实需要

随着网络的快速发展，网络对高校思想政治教育工作的影响越来越大，利用网络载体开展思想政治教育符合当前快节奏的工作和生活方式。用大众都能理解和接受的方式开展教育，能够迎合当前的发展趋势，从而增强思想政治教育的实效性。其一，当代信息技术创新了高校思想政治教育的方式、途径与理念。互联网资源丰富了高校思想政治教育载体内容。除必要的思想政治理论知识外，大学生更喜欢接受生动的事例、典型的案例、前沿的热点话题。这些在很大程度上可以利用网络载体来实现，即运用大学生易于接受、喜闻乐见的载体，传送从互联网丰富的资源中获取的各种各样的教学素材，使得教学内容与方式能够即时更新，保持丰富与生动，增强课堂的吸引力，为教学内容的入脑入心提供基础条件。其二，互联网技术创新教育方法与途径。互联网信息传播技术的进步，为高校思想政治教育工作的推进提供了技术支持。在课堂教学中，教师使用网络载体进行课堂的组织管理与互动，增强课堂上师生的实时有效互动；在课后，教师使用即时通信软件和专业教学平台保持与学生的联系和互动，将思政课教学从课堂延伸至学生的日常生活之中，互联网的发展和普及探索出了更多适合思想政治教育的载体。其三，互联网文化更新了高校思想政治教育理念。网络载体具有中心化、开放、共享、多元等特征。在互联网时代，获取知识信息的渠道相对平等且开放，教师不再拥有知识垄断权，在一定程度上，师生都是学习者。

（三）服务于大学生的全面发展

新时代大学生肩负国家富强和民族复兴的历史使命，培养大学生成为德才兼备的社会主义建设者和接班人具有重大现实意义。当前，互联网已经成为大学生学习和生活的重要组成部分，不断影响着大学生的思想状况，对大学生的全面发展产生了重要影响。因此，加强大学生网络思想政治教育创新，拓展高校网络思想政治教育载体是促进大学生实现自身全面发展的重要途径。其一，网络载体促进思想政治工作"入眼"。在纷繁复杂的互联网世界，各种信息传播形式层出不穷，"争夺眼球"的竞争非常激烈。这就需要不断创新拓展教育载体"升级版"，吸引大学生的眼球，对其注意力、关注点加以积极引导。其二，网络载体促进思想政治工作"入神"。在遵循网络心理学规律上，利用互联网对人的认知、情感、意志、行为的影响作用，不仅能使网络思想政治教育工作"快入眼"，而且能使网络思想政治教育工作"对上眼"，对大学生产生较强的吸引力。其三，网络载体促进思想政治工作"入心"。优质的教育载体能服务科学理论的传达，受众将所接受的信息与理念内化于心，衔接好线上线下，外化于行。以网络为载体，以创新驱动、交互共享、开放自由、跨界融合等为特征的新型思政教育模式，将引领当代大学生融入国家富强、民族复兴、社会繁荣的伟大征程，培养其政治责任感、民族使命感和社会担当感。

第三节　高校网络思想政治教育载体拓展与架构

在网络背景下，高校思想政治教育载体拓展与架构既要从宏观视角把握好网络载体拓展与架构的相关原则，又要从微观视角把握好优化载体的具体路径。不断探索高校网络思想政治教育载体拓展与架构，已成为高校育人工作发展的必然趋势，对新时代大学生的成长成才有着十分重要的现实意义。

一、高校网络思想政治教育载体拓展与架构的原则

高校网络思想政治教育载体拓展与架构是一项方向性、专业性、技术性的工作。运用网络优势，避开劣势，实现高校网络思想政治教育工作的创新需要把握以下几项原则：

（一）协同性原则

思想政治教育载体的基本属性是承载和传递思想政治教育内容，连接教育主体和客体的一种中介物质，并非独立于思想政治教育内容和主客体之外的范畴。因此，高校在进行网络思想政治教育载体拓展与架构时，不仅要考虑载体之间的协同作用，还要充分考虑载体与思想政治教育内容、思想政治教育主体和客体、思想政治教育环境之间的协同性逻辑关系。高校应该从以下三个方面把握好网络思想政治教育载体拓展与架构的协同性原则。

1. 注重目标统一性

作为以促进大学生全面发展、培养中国特色社会主义事业的建设者和接班人为目标的高校网络思想政治教育载体，尽管不同载体实施目标的指向呈现出多元化趋势，但目标是统一的。因此，高校网络思想政治教育载体拓展与架构应站在国家和全局的高度，统一于顶层设计。

2. 注重系统开放性

系统开放性可以从微观角度理解，即为了实现特定目标，不同创新主体发挥各自的作用，在联合中实现整体效果优于个体效果之和。同时，只有通过系统内畅通沟通渠道、共享资源信息，才能有效实现整体协同，否

则如果系统处于封闭或孤立状态，彼此间缺乏沟通交流和资源共享，系统将处于停滞状态而毫无协同，工作成效微乎其微。因此，高校网络思想政治教育载体拓展与架构，要充分关注和把握系统内外部不同主体之间的开放互通。从系统内部而言，高校需要注重网络思想政治教育载体与整个思想政治教育系统内部的相互关联和协同作用，载体的形式要与高校思想政治教育内容相契合，要依据不同的教学目标、教学内容拓展对应功能形态的网络载体；从系统外部而言，高校要注重网络思想政治教育载体与社会大环境之间的关联和相互作用，网络载体的选择须符合当前社会发展趋势。

3. 注重多元互动性

系统顺利协同，离不开观念的分享、信息的沟通、资源的共享等多种要素的共同促进。这些要素充分发挥自身功能，对系统内各子系统进行协调，使其形成合力；团结协作，朝着协同创新的目标前进。新时代高校网络思想政治教育的效果，不仅取决于各种载体的合力协同，还受外部环境的影响。高校网络思想政治教育坚持多元互动性原则，既要充分应用大学生思想政治教育载体，又要关注大学生成长成才所需的家庭、社会等教育环境，发挥载体的综合效应，使载体处于科学的多元互动状态。在拓展网络载体的过程中，高校要注重网络载体与各方环境的有效连接，共同实现全方位协同育人。

（二）方向性原则

思想政治教育工作是一项带有鲜明意识形态属性的价值观念传播活动，必须旗帜鲜明地坚持正确的政治方向①。我国思想政治教育工作具有为社会主义服务的性质，协同育人的最终目标是培养社会主义建设者和接班人，高校在思想政治教育载体拓展与架构中必须坚持社会主义方向。

一方面，以社会主义指导思想为价值引领。高校在网络思想政治教育载体的拓展与架构中，要以无产阶级意识形态理论和思想成果作为工作的重要指南，高举社会主义伟大旗帜。网络空间中的信息鱼龙混杂，没有传

① 鲍中义. 高校网络思想政治教育的发展历程、原则与进路［J］. 学校党建与思想教育，2022（3）：77-80.

播限制，相比于现实世界，受众容易失去价值判断。因此，高校要加强网络主阵地的建设，如红色网站、“三微一端”、精品课程等都要坚持专业和技术相结合，观点准确、更新及时，使之真正发挥价值引领作用。在网络载体建设过程中，高校要确保自身的权威性、主导性，主动引领网络载体，树立明确的导向意识，坚持以正面的、积极的态度观点去引导舆论，旗帜鲜明地表明正确的立场、传送正确的价值观。另一方面，高校要在网络思想政治教育载体的内容设计、方法运用、具体实施、评价反馈等环节突出社会主义特色，善于运用马克思主义的世界观和方法论对大学生进行世界观、人生观、价值观、道德观、文化观、民族观、政治观教育，引导大学生认同和树立共产主义远大理想以及中国特色社会主义共同理想。

（三）人本性原则

思想政治教育工作的价值旨归在于“人”，因此高校网络思想政治教育载体拓展与架构的最终目的也是在于为大学生的各项成长需求助力。思想政治教育工作必须坚持以人为本。把人本性确立为基本原则，不仅是发挥网络技术价值理性的应有之义，更是凸显高校思想政治工作育人本质的实然之举。

1. 在工作理念上尊重大学生的主体地位

新时代高校网络思想政治教育载体拓展与架构应将大学生作为一切教育行动的出发点和落脚点，尊重大学生的自主权和选择权，将大学生成长的内在规律和发展需求作为实施教育载体拓展和架构的依据，在网络载体的选择、运用中坚持人本取向，体现人性化特色，充分挖掘网络载体的功能，主动关心、爱护、帮助大学生，解决个人世界观、价值观、人生观方面的疑惑。

2. 载体的选择要彰显情感温度

传统的思想政治教育载体形式不仅缺乏情感温度，还大大降低了思想政治教育效果，容易引起学生的排斥和反感。在网络时代，高校在拓展思想政治教育载体时，应当运用大数据分析真正直观透视大学生的内心世界，了解大学生生活学习的实际情况，在此基础上构建大学生喜闻乐见的网络载体形式，有意识地将生硬呆板的理论条文转化为鲜活的图片、动画、表情、视频，以迎合当代大学生的偏好，从而充分调动他们的主动性和积极性。

（四）可控性原则

在思想政治教育载体研究之始，有学者提出载体研究的实质是载体可控性研究，旨在提出思想政治教育载体能为思想政治教育主体所控制[①]。随着互联网时代的到来和信息技术的发展，网络载体形态层出不穷，在创新思想政治教育载体的同时，也给思想政治教育主体运用载体的能力带来了考验。在拓展与架构高校网络思想政治教育载体的过程中，高校既要注重创新，也不能忽视载体的可控性。脱离了思想政治教育主体控制的载体，不仅不能保证思想政治教育应有的成效，还可能造成教育资源浪费等问题。

可控性原则要求高校思想政治教育主体能够对网络载体进行准确识辨。一方面，教育主体要对其物质实体和活动形式进行准确把握，了解其本质内涵、功能属性、适用范围和优势劣势，对其各方面有充分的了解，判断其是否能为高校网络思想政治教育所运用。另一方面，教育主体需要将新载体的功能和形态置于整个高校网络思想政治教育工作之中，考虑其是否具备准确承载和传播思想政治教育内容的条件、是否能够帮助教育主体达到网络思想政治教育目标、是否被大学生接受和主动运用。此外，教育主体在开展思想政治教育工作时，还应当注重能否应对网络载体带来的各种负面影响等，以免出现载体失控的情况。

二、高校网络思想政治教育载体拓展与架构的路径

形式各异的高校网络思想政治教育载体为高校的育人工作提供了良好的育人阵地、丰富的硬件设施，为构建新时代网络思想政治教育格局创设了有利的环境和条件。运用好各个网络载体是关键，即发挥好资源优势，使各个网络载体开展的各项工作相互融通、相互促进，实现各个空间互动、各项功能互补、各类资源共享，确保网络载体得到最大化利用，以实现其育人功能的最优化。

---

① 张瑜．思想政治教育视域下大学生社交网络的特性研究［J］．学校党建与思想教育，2016（19）：14-17.

（一）创新高校网络思想政治教育工作载体

当前，以网络特别是移动互联网为载体的新兴媒体逐渐融入了高校大学生的学习和生活，成为他们表达诉求、发表言论的主要阵地。微媒体、自媒体等各种社交媒体成为社会热点舆论话题的发源地。随着网络新技术的发展和成熟，一些潜在的、未被开发的网络载体已经具备成为高校网络思想政治教育载体的各种条件。此外，高校师生的思想越来越活跃，也迫切需要更多新兴载体来推动他们开展思想政治教育工作与学习。因此，积极搭建网络载体新平台，是当前高校网络思想政治教育的应然之举。

一方面，高校要密切关注网络发展新趋势和大学生网络行为习惯的动态变化，探索高校网络思想政治教育载体的新领域。例如，网络社群的出现让受众的交流方式发生了改变，它是个体基于某种兴趣、共识、认同聚集在一起而形成的集合体。在网络社群背景下，高校思想政治教育不仅限于课堂和校园，更多相关信息可以从社群里面获取。基于此，高校应当重视网络社群对大学生思想政治教育的引领作用和潜移默化的教育作用，将其纳入高校网络思想政治教育载体的范畴。高校应主动了解大学生的思维特点和兴趣取向，将其划分成不同类型的圈层群体；将当前社会热点舆论与高校育人工作相结合，建设思想政治教育主题社群，着力培养出网络社群引导舆论导向的意见领袖，传播优质信息，加强对新时代大学生的思想引领。另一方面，高校应积极对现有网络进行升级更新。以微信公众号为例，高校官方微信公众号普遍都设有通知发布、师生服务和新闻速览等类似的三大板块，分别主要用来传递学校的官方通知、师生办事指南、与师生员工相关的各类信息等，但育人功能很难在以上几个栏目中凸显。如何赋能高校官方微信公众号的思想政治教育功能是值得深入研究的问题。高校要构建科学的官方微信公众号思想政治教育工作体系，必须先解决理论层面不够深、推送内容不够新、育人功能不够强等现实障碍。高校官方微信公众号运营者要不断探索、不断寻找高校的特色，提升高校官方微信公众号的传播渗透力，建立符合新媒体规律的传播机制和传播反馈机制，打造持续输出正确价值观的思政教育园地，在耳濡目染中促进大学生积极健康发展，为大学生营造一个追求真善美的良好环境，筑牢大学生理想信念之基。

（二）加强高校网络思想政治教育力量载体

网络技术与教育的融合发展，给高校网络思想政治教育主体提出了更高的要求。增强高校网络思想政治教育工作者的网络载体运用能力，是适应新时代高校育人工作的迫切举措。

从认知层面来讲，教育主体要理解并适应好网络思想政治教育载体运用的逻辑。一是教育主体要提高对网络空间虚拟性和现实性双重融合的理解。网络空间不仅具有虚拟性，更具有隐匿在虚拟性背后的现实性，由此也决定了运用网络思想政治教育载体的虚实二重性。因此，高校思想政治教育工作者不仅要从思想上高度重视网络的作用，而且要对互联网及其技术发展有一个充分的认识和全面的了解。在日常工作中，教育主体不仅要“多上网，多用网”，而且要“很懂网”。例如，教育主体要深入研究大学生常用的网络载体类型、运用网络载体的行为习惯、网络环境下个体行为和群体行为的特征、网络载体的交流方式对受教育者心理行为的影响等，通过大学生在网络环境中的行为特点，找出反映的现实问题，搭建起网络空间和现实空间的桥梁。二是教育主体要理解并转换好网络思想政治教育角色。高校网络思想政治教育载体的出现弱化了教育双方的角色，更好地实现了教育者与受教育者交往的平等化。网络载体创设了一种自由宽松、畅所欲言的“虚拟公共平台”，生存在这一空间里的人们可以随时随地获取所需知识。在这种情况下，受教育者的自主学习能力不仅得到了增强，而且其对自身地位与角色的认识也发生了潜移默化的变化。受教育者开始更加重视与教育者之间的平等对话、自由讨论，甚至有时“针锋相对”，从而实现个体价值的最大化。也就是说，网络改变了传统思想政治教育的主客体间沟通、交流的格局，使受教育者个体性的最大化凸显成为现实。要适应这一变化，思想政治教育者应切实转变传统的传道、授业、解惑的权威角色，努力寻求与受教育者之间的平等对话、无缝沟通。一方面，教育者可以通过自由平等的网络交往捕捉受教育者的思想、心理动态，使彼此之间的交流更加频繁、深入和有效；另一方面，教育者可以创建自己的网络空间，以自己的学识、能力、人格魅力等去感染受教育者，通过表达自己的态度体验、生活感悟等，引起受教育者的共鸣。

从实践层面来讲，教育主体要增强高校网络思想政治教育载体的运用本领。一是教育主体要提升主动驾驭网络载体的能力。一方面，思想政治教育者应注重提升对网络工具和多媒体载体的运用能力。这就要求思想政治教育者必须实时关注新媒体领域的动态信息，及时熟悉和掌握各类网络技术，积极利用现代科技载体，实现多渠道、多载体、多场景灵活多样的双向沟通，广泛听取师生的意见、建议和愿望；通过多种形式的互动和思想交流，不断探索网络时代符合高校思想政治教育的新渠道、新载体，拓宽网络时代立体化思想政治工作模式，拓展思想政治工作的广度和深度。另一方面，高校需要着力建设一支网络思想政治教育技术人员队伍，不断强化对高校思想政治教育网络载体建设的监督和引导，坚持正确的舆论导向，及时对信息进行过滤处理，屏蔽不利于思想政治教育开展的信息，及时更新网络信息，确保网络载体运行顺畅，为高校思想政治教育的发展营造一个良好的网络环境。

（三）完善高校网络思想政治教育服务载体

高校网络思想政治教育载体拓展与架构的可控性原则要求高校不仅需要注重构建网络思想政治教育新载体，更需要对这些载体进行有效管理。因此，高校网络思想政治教育载体要充分发挥功效，必须建立健全思想政治教育网络载体的规章制度、监管体系和评估机制，以保证高校网络思想政治教育工作的有效开展。

首先，高校在网络思想政治教育载体运行的过程中要建立完善的管理制度，明确高校网络思想政治教育载体的地位，规范教育主体和高校网络思想政治教育载体管理员的职能，保障载体运作制度、明确人员岗位职责。制度的生命在于践行，成熟有效的网络思想政治教育制度体系在于真抓实管，以此保障高校网络思想政治教育载体的运行有序。

其次，高校要建立起网络思想政治教育载体的监管体系。一方面，高校应当设置校园网络载体监管部门，建设专业的网络载体监管团队，确保网络载体运行过程中的安全性。对外，高校要设置思想政治教育网络载体准入门槛，着重加强网络载体的防火墙系统建设，防止病毒链接、诈骗广告、骚扰信息等侵入，定期审核网络载体的内容信息，确保网络载体的内容符合正确的价值导向。对内，高校要及时处理大学生在网络载体中出现言论失范的情况。网络载体的开放性、虚拟性等特点，隐匿了现实社会中受教育者的身份、性别、年龄等信息。受教育者在虚拟社会中的言行不受其真实身份的约束与限制，在网络上发表的言论往往尖锐、大胆甚至偏激。同时，由于受教育者理性使用网络的素养还不够高和能力还不够成熟，具有被利益主体利用的风险。受教育者的思想很有可能不是向着有利于公共利益的方向发展，甚至有时候会导致负面现实行为的发生，使形势出现变异或趋于恶化。因此，高校要加大对大学生言论的监管力度，利用大数据等技术及时发现并阻断这些不良信息的传播扩散①。之后，高校思想政治教育主体要对这些言论失范的学生进行正面的引导，除科学的理论引导外，还需以教育主体的学识、能力、人格魅力去感化受教育者，以情化人，最大限度地发挥思政育人的作用。

最后，高校要建立有效的运行效果评估机制，及时回馈高校思想政治教育网络载体运行的数据分析，对高校思想政治教育运用网络载体发挥的效力进行监测。网络载体的评估可以从以下几个方面进行数据搜集②：一是信息内容。信息内容是指高校网络思想政治教育载体所承载传递的信息。对信息内容的评价分为两个维度，即内容的价值取向和表现形式。价值取向可以依据其是否符合主流意识形态方向、社会主义核心价值观等方向进行评判；表现形式可以依据其是否集知识性、政治性、趣味性、娱乐性于一体进行评判。二是技术含量。技术含量是指高校网络思想政治教育载体的技术运用情况。技术含量可以分别从技术特点和运行维护两个方面评价。技术特点包括网络载体所依托的技术类型及其安全性、可靠性、流畅性；运行维护包括网络技术人员对网络载体的功能更新、故障修复等。三是服务质量。服务质量是指教育双方在使用网络载体时的服务感知和体验效果。服务质量主要体现在教学过程中网络载体的功能完整性、交互体验感等，依据其是否能服务思想政治教育教学工作进行评价。四是教育效果。教育效果是指教育双方在运用网络载体开展高校思想政治教育工作时

---

① 李玲. 论大数据时代高校网络思想政治教育创新［J］. 学校党建与思想教育，2021（19）：33-35.

② 王鑫，乜勇. 高校网络思想政治教育载体评价量表的开发与检验［J］. 数字教育，2021（6）：46-51.

各自所达到的效果。教育主体的教育效果主要是指实现教学目标、顺利执行教学计划等；教育客体的教育效果主要是指大学生的学习成效，可以分为政治信仰、思想品德、道德法治、心理健康四个方面的内容。

三、高校网络思想政治教育载体的发展趋势

高校思想政治教育工作者要主动预测和把握网络载体的发展趋势，才能有效增强高校网络思想政治教育的针对性、实效性，才能让网络这个时代的“最大变量”，变成了思想政治教育的“最大增量”。

（一）传统载体与网络载体并存发展

高校网络思想政治教育载体的出现并不能取代传统载体的存在。相反，传统载体具有网络载体没有的优势，两者统一于新时代高校网络思想政治教育体系之中。高校思想政治教育传统载体大多是线下的面对面交流形式，如谈话、开会、思想政治教育理论课等。运用传统载体开展思想政治教育具有较强的集中性，能够在短时间内迅速刺激教育客体的视觉、感觉，使其留下深刻印象。同时，教育者传递的教育内容是具有针对性的，可以依据教育客体的即时反馈灵活调整教育内容和方法。此外，在传统载体形式下，教育主体具有主导性、权威性，可以有效避免其他不良信息渗入思想政治教育教学过程中。因此，传统载体和网络载体在教育时空、教育形式、教育理念上有着功能互补关系。

无论是高校思想政治教育传统载体还是网络载体，其最终目的都是达成思想政治教育目标，实现大学生的全面发展。传统载体和网络载体不是取代关系，而是迭代关系，两者协同运用，才能让传统载体在网络时代下的高校思想政治教育工作中扬长避短，保留其应有的价值。因此，实现传统载体和网络载体的融合创新发展是在守正中实现创新的关键，也是今后高校网络思想政治教育载体的发展趋势。

（二）各种网络载体协同运用发展

进入网络时代，海量丰富的信息资源和超速便捷的网络信息服务的融合，使网络载体在信息传播方面具有很大优势。推进高校网络思想政治教育创新发展，应探索建立具有强大信息聚合能力的“高维度”载体平台，实现各种资源在信息内容、工作渠道、传播载体、经营管理等方面的深度

融合。不同类型的网络载体的特点、功能、产生的效果不尽相同。融合各个网络载体的优势，搭建形式各异的高校网络思想政治教育平台，为高校的思想政治工作提供了良好的育人阵地，使各个网络思想政治教育载体开展的各项工作相互融通，避免在开展育人工作时“各自为政”，确保各个网络载体得到最大化利用，使网络时代思想政治教育的创新“活”起来。

现阶段，一些高校已经在尝试各网络载体融合发展的模式，不同类型、功能的高校网络思想政治教育载体正随着科技的进步，逐渐形成传统媒体、新兴媒体以及自媒体等多种形式全媒体的发展格局。例如，部分高校构建融媒体载体中心，优化了思想政治教育主题网站、微信、微博、抖音号等全媒体矩阵的管理，实施“中央厨房”模式，在利用新媒体技术推动思政教育上进行了积极的探索和实践。具体来说，高校官方网站、思想政治教育主题网站、网络教育平台这类权威性网络载体，主要发挥理论宣教作用；微博、微信等新媒体载体，将传统思政的“高大上”，转化为通俗易懂的“小清新”，让严肃的思想政治教育既有思想性，又有亲和力和可读性，寓教于乐，打造场景化、沉浸式、交互式体验，充分发挥新媒体平台的优势。

（三）网络载体分众化发展

互联网时代，物联网、云计算、大数据、人工智能等技术的出现正推动着高校思想政治教育朝着精准化、人性化、定制化方向发展[①]。高校网络思想政治教育载体分众化发展的实质是强调“按需施教”，旨在突出学生的主体地位。对知识储备、思维方式和性格特征有所不同的大学生群体进行分流，厘清不同类别学生在思想政治教育中的需求，是目前高校思想政治教育工作需要突破的一大难题。

准确把握大学生的思想动态和思想政治教育诉求就必须保证网络技术能尽可能搜寻到大学生的网络浏览偏好和兴趣倾向，再运用算法功能，匹配合适类型的网络载体，推送定制化教育内容。这样不仅能实现高校思想政治教育模式从“大水漫灌”到“分钟滴灌”的转变，更能最大限度优化

① 邓国峰，高安安. 技术逻辑与价值定位：算法时代网络思想政治教育新展望［J］. 思想教育研究，2022（2）：30-34.

高校思想政治教育构成要素的资源配置。互联网技术的发展为实现高校网络思想政治教育载体精准化、分众化变革提供了有效支撑，但是克服大数据、云计算等技术在运用过程中的局限性是目前实现网络载体分众化发展亟待解决和突破的重要难题。

第六章 高校网络思想政治教育工作机制建设研究

随着互联网的发展，网络深刻影响着大学生的世界观、人生观和价值观的形成。当代大学生更勇于表达自我，追求个性。为了促进高校网络思想政治教育与时俱进，不断创新，高校需要构建适应当下环境的高校网络思想政治教育的管理机制、保障机制和评价机制，充分发挥网络思想政治教育的育人功效。

第一节　高校网络思想政治教育的管理机制

网络思想政治教育是一门学科，是社会或社会群体利用网络手段对社会成员进行有目的、有计划、有组织的活动，使受教育者形成符合社会主流价值观的思想政治教育实践活动。网络思想政治教育是一个有机整体，网络思想政治教育管理是该整体的重要组成部分。因此，我们必须探索高校网络思想政治教育的管理机制，确保网络思想政治教育功能有效发挥，保障网络思想政治教育活动有序开展。

一、高校网络思想政治教育管理机制概述

高校网络思想政治教育开展的核心是管理，离开了管理的教育，必然

是无法取得预期效果的。高校网络思想政治教育管理机制的内涵及特征的界定是研究高校网络思想政治教育管理机制的基础和前提。

（一）高校网络思想政治教育管理机制的内涵

管理是指管理者通过一定的组织、计划、协调等手段，优化社会资源，达到预定的目标的过程。机制是一切社会现象变化总结出的规律，是事物的本质的原理。管理可以通过计划、组织、实施产生科学的机制，从而推动进步、激发活力①。网络思想政治教育从广义上讲是网络环境下的思想政治教育，从狭义上讲则是基于网络的思想政治教育。前者是将传统的思想政治教育放在网络社会环境下去思考如何创新、发展；后者是将网络作为思想政治教育的新工具、新方法，用以补充和完善思想政治教育。两种理解都十分有必要，缺一不可。

高校网络思想政治教育管理机制是指高校网络思想政治教育管理系统的运行机理。我们可以从以下几个方面进行理解：一是高校网络思想政治教育管理机制是一个完整的有机整体，是一种社会机制，随着互联网技术的发展，管理对象、管理范围会不断发生变化，高校网络思想政治教育管理机制的运行机制也会不断变化，不断扬长避短、创新、发展。二是高校网络思想政治教育管理机制按一定规律引导和决定管理行为，形成长效管理机制，教育者根据所判断的受教育者的行为方式和特点，实现有效管理。三是高校网络思想政治教育管理机制具有双重属性，它既是一种高校管理文化，又属于高校制度文化，直接影响了高校网络文化建设。

（二）高校网络思想政治教育管理机制的特征

1. 规律性

规律性是高校网络思想政治教育管理机制的一个显著特征，也是必须遵守的原则。机制是社会现象运行变化模式总结出来的规律，是属于客观存在的东西。高校网络思想政治教育管理机制也不例外，它不是通过个人的主观意识想象出来的，而是在开展高校网络思想政治教育实践活动过程中，通过实际情况和发展趋势，对高校网络思想政治教育管理过程中存在

① 谢继华，张茜. 大数据在高校思想政治工作中的实践与思考［J］. 思想理论教育导刊，2017（11）：151-154.

的问题进行科学性、有效性、规律性总结，充分发挥管理的有效性。

2. 方向性

方向性是指高校网络思想政治教育管理机制的总结必须有着明确的政治方向，符合思想政治教育的本质要求。高校网络思想政治教育管理属于意识形态领域的管理范畴。我国是社会主义国家，坚定不移走中国特色社会主义道路，坚持正确的政治方向、舆论导向、价值取向，构建高校网络思想政治教育管理机制的出发点和落脚点都是培养德智体美劳全面发展的社会主义建设者和接班人。这种方向性准则要始终贯穿高校网络思想政治教育管理机制的全过程，并且要融入高校网络思想政治教育的全部内容中去，增强“四个意识”、坚定“四个自信”、做到“两个维护”，自觉抵制西方非主流意识形态的侵蚀。

3. 系统性

高校网络思想政治教育管理的过程是一个复杂的工程，是思想政治教育工作者通过制定目标、确定实施方案、指导受教育者的过程。整个过程不是静止的，而是动态变化的，只有从整体上把握，运用切实有效的系统方法，发挥管理机制的功能，才能促使高校网络思想政治教育有序运行。同时，高校网络思想政治教育管理内容包括很多方面，比如思想管理、学习成绩管理、职业生涯管理等。这些内容并不是独立的个体，而是一个有内在联系的整体，如果片面地强调某一个方面或几个方面，那么网络思想政治管理也不会取得好的效果。

4. 开放性

互联网的开放性和隐匿性使得思想政治教育工作者必须从海量信息中筛选出有利信息，摸清受教育者的思想特征和行为特点，才能保证管理机制发挥自身的作用。如果在一种封闭、信息不对称的环境下，管理机制的实效性得不到发挥。高校网络思想政治教育管理机制的产生不光要做好系统内部的计划、分工、组织等工作，而且要统筹社会资源和促进高校网络思想政治教育的管理。社会主义的网络思想政治教育管理机制应在继承和发扬中华优秀传统文化的基础上，积极吸收和借鉴国外先进的管理理念、管理经验、管理方法。

二、创新高校思想政治教育管理机制的必要性

（一）解决高校网络思想政治教育管理的实际问题

高校网络思想政治教育是随着互联网的兴起而发展的，在近20年，取得了实质性的成绩，但也出现了诸多问题。部分高校管理者只是纯粹将网络和思想政治教育生硬地拼凑在一起，没有深度融合发展，没有与时俱进，严重制约了高校网络思想政治教育的发展，也阻碍了高校网络思想政治教育的机制的形成。现阶段，高校网络思想政治教育主要面临以下几个问题：一是管理体系不健全，导致网络信息平台的建设滞后。目前，我国大部分高校意识到网络是高校思想政治教育的重要阵地，但网络平台的建设远远落后于网络的发展，管理主体职责不明确，对高校网络思想政治教育的计划、组织、实施、评估等缺乏有效管理。二是高校网络思想政治教育资源的信息庞杂，缺乏统筹、整合，没有形成有效的管理机制，从而导致高校网络思想政治教育效率低下。三是应对突发情况的机制不够健全。网络时代，当网络舆情发生以后，如不能在第一时间采取科学有效的方法及时处置，一个小事件经过网络裂变式的传播后都可以变成公共事件，甚至给高校带来严重的影响。四是高校网络思想政治教育管理队伍素质良莠不齐。高效的管理离不开高素质的管理队伍，我国高校思想政治教育的管理队伍建设机制不健全，管理分工模糊，责任不明确，水平参差不齐。

（二）推进高校网络思想政治教育管理科学化

创新高校网络思想政治教育管理机制能够充分激发高校网络思想政治教育的活力，促进高校网络思想政治教育的科学化管理、科学化发展。对于高校网络思想政治教育管理而言，科学化的管理可以从理论层面和实际层面两个方面来理解与分析。在理论层面，科学化的管理意味着在管理机制作用下，高校网络思想政治教育管理实现可持续发展。在实际层面，科学化的管理意味着管理机制要推动管理技术、手段以及硬件设施的科学化。因此，网络技术的发展推动了高校网络思想政治教育管理技术、手段的发展，促进了管理机制的形成，进而使得管理思想在管理机制的发展中更加科学化，最终实现高校网络思想政治教育的可持续发展。同时，科学化的管理理论、策略的实施离不开人，如果没有科学化的管理人员来落

实，管理效果也将大打折扣，达不到预期效果。推进高校网络思想政治教育管理机制的科学化，可以帮助管理者摒弃落后过时的管理理念、管理方法和手段，重新树立适应新时代网络发展形势的管理理念，树立以人为本的科学管理理念，尊重人作为高校思想政治教育主体的基本属性。高校应激发和调动思想政治教育管理人员的积极性、主动性、创造性，培养其战略发展思维、知识能力水平和管理水平，适应变化的高校网络思想政治教育。因此，高校网络思想政治教育管理机制推动高校网络思想政治教育管理朝着科学化方向发展，推动人才培养的科学化。

（三）提高高校网络思想政治教育的实效性

实效性是高校网络思想政治教育发展的基础和前提。高校网络思想政治教育所取得的成效，取决于管理机制的建设情况。因此，提升实效性也是高校网络思想政治教育管理机制的出发点和落脚点。高校网络思想政治教育的发展离不开有效的管理，高校网络思想政治教育的实效性也离不开管理机制这个着力点。高校网络思想政治教育实效性的实现离不开高校网络思想政治教育工作者的计划、组织、实施等，这些需要科学的管理机制作为保障。创新高校网络思想政治教育的管理机制，可以解决管理和教育缺乏合力、规律总结不够、教书和育人“两张皮”现象、育人队伍建设薄弱等问题，确保高校网络思想政治教育的有序开展。同时，管理机制作为一个不断运行的动态机制，将立德树人融入高校思想政治教育管理过程，能够促进“十大育人体系”的构建与完善①。因此，高校网络思想政治教育管理机制可以优化配置影响实效性的因素。只有创新管理机制，才能使思想政治教育更好地适应新时代，发挥思想政治教育的育人功能，实现高校网络思想政治教育的实效性，对聚焦培养担当民族复兴大任的时代新人具有重要意义。

三、创新高校思想政治教育管理机制的对策

大学生思维活跃，容易被网络的负面信息影响，从而影响其世界观、

① 冯刚．激发思想政治理论课改革创新的深层力量［J］．学术论坛，2020（2）：120-125.

人生观和价值观的形成。因此，高校必须重视网络思想政治教育工作，不断创新新时代高校思想政治教育管理机制，提高高校网络思想政治教育的科学性和实效性，引导大学生“扣好人生第一粒扣子”，在知行合一中立鸿鹄志，做新时代的奋斗者。

（一）立足根本点，健全网络安全体系

2015 年，中共中央办公厅、国务院办公厅出台《关于进一步加强和改进新形势下高校宣传思想工作的意见》，提出要着力加强高校宣传思想阵地管理，要加强校园网络安全管理。以重庆工商大学为例，重庆工商大学出台了《重庆工商大学网络安全综合治理行动方案》《关于做好校园网络管理相关事项的通知》等系列文件。一是要求加强官方网络媒体平台的信息管理。重庆工商大学加强对微博和微信等新媒体的管理，完善登记备案制度，全面清查学校及各二级单位的官方网站、微博公众号的信息的发布情况，如发布信息存在法律和行政法规禁止发布或传输的信息、错误意识形态的信息，应立即整改。二是开展社交平台账号清理。重庆工商大学对微博、微信使用含“重庆工商大学”和“CTBU”等名称的账号、公众号进行全面梳理，对不该使用的进行清理，加强对官方名称的管理，提升学校网站的公信力和权威力。同时，重庆工商大学全面提升技术保障能力，完善各项技术和管理制度，增强安全预警、防范、应急处置和灾难恢复能力，确保校园网络与信息系统安全稳定运行。三是要求全面实施“实名制”，按照谁上网、谁负责的原则，规范上网行为，确保网络安全。重庆工商大学研发网络安全技术，如防火墙技术、防病毒技术、安全审计技术等，维护校园网络环境的安全性和稳定性。重庆工商大学发布《重庆工商大学网络安全倡议书》，提升全校师生科学知识储备，增强辨识是非的能力，重庆工商大学要有针对性地举办相关培训，积极培养一批校园网络技术管理人员，提升校园网络安全管理人员的技术水平，加强网络信息安全人才队伍建设。

（二）突出关键点，构建组织协调体系

要实现高校网络思想政治教育管理协同机制的功效，必须要构建高校网络思想政治教育管理组织间的协同机制和高校网络思想政治教育管理工作的协同体系。

第一，建立协同育人的管理机制。高校网络思想政治教育工作的完成需要高校各个部门之间的通力协作，在明确各自职责的基础上，保持紧密联系，相互配合，形成网络思想政治教育的育人合力，确保高校网络思想政治教育的实效性。重庆工商大学根据高校网络思想政治教育的特点，将管理学的理念融入思想政治教育管理过程中，以结构合理、注重实效的原则构建高校网络思想政治教育管理的领导组织机构，提升高校网络思想政治教育管理的效益。重庆工商大学出台了《关于加强重庆工商大学网络安全和信息化工作的通知》，健全了重庆工商大学网络安全和信息化工作领导小组，并成立了相关工作组。网络舆情监测与网络安全宣传工作组由党委书记担任组长，分管相关工作的党委副书记担任副组长，工作成员有宣传部、信息办、学生处、保卫处等部门。网络安全技术支撑与信息化建设工作组由校长担任组长，分管信息化工作的副校长担任副组长，成员有信息办、党政办、组织部、宣传部、资产处、后勤处、财务处等部门。网络安全事件处置工作组由分管安全稳定的副校长担任组长，宣传部部长、保卫处处长、信息办主任副组长，成员有宣传部、保卫处、信息办等部门。这样既有网络文化特色又富有效率的组织领导机构和工作机制，构建了网络思想政治教育管理工作的新格局，健全了网络安全育人体系。

第二，实现工作协同。重庆工商大学出台一系列文件，要求学校宣传部、保卫处、信息办等部门加强部门之间、与二级学院之间工作的沟通协调，在对重大网络安全事件进行处置时形成合力；积极与重庆市网信办、重庆市公安局等有关部门加强联系，联合进行网络违法违规行为的打击；积极探索与第三方安全网络专业机构、培训机构等建立协同机制，在技术升级、信息共享和人才培训等方面开展合作。

（三）把握着力点，建立专业的师生队伍体系

为创新高校网络思想政治教育管理机制，发挥网络思想政治教育的育人效果，高校应建立一支以教师为主体、学生参与建设管理的高校网络思想政治教育管理专业队伍。高校网络思想政治教育管理专业队伍应由专业教师、学生工作队伍、学生三个主力军共同构成。

首先，高校应培育一批思想政治教育、传播学、网络技术、艺术教育等专业领域的明星教师，鼓励其通过开通抖音、微博、微信等平台的公众

号，对热门话题和事件发布实时的深度分析文章。其次，高校应加强学生工作队伍建设，建立辅导员专家工作室，推进学生喜爱的辅导员个人公众号、微博建设，在网络教育平台上发布一些贴近学生、贴近生活、贴近实际、富有启发性和励志性的短文，弘扬社会主义核心价值体系。高校应加强学生工作队伍的网络思想政治教育工作培训，定期组织“辅导员沙龙”、网络突发事件应急能力、职业生涯规划等专项培训，提升辅导员的网络思想政治教育水平。最后，高校应加强学生自我管理建设，让学生参与到高校网络思想政治教育管理机制建设中，选拔一批网络信息评论员，成立网络文化建设工作办公室学生团队，使其成为网络文化建设管理队伍的重要力量。高校应通过学生的自主参与、自我管理、自我教育，提高高校网络思想政治教育管理机制的有效性。

（四）主攻重难点，构建舆论引导体系

构建舆论引导体系要从网络舆论收集、网络舆论预警、网络舆论处理着手，形成完整有效的舆论引导体系。为了增强新媒体环境下高校网络舆情引导力，重庆工商大学成立了重庆市高校网络舆情与思想动态研究咨政中心。该中心由学校党委书记任组长，网络工作部部长任副组长，遴选了一批专业化的教师从事具体工作。该中心负责互联网舆情监测、舆情分析、网络信息内容安全和宣传教育。该中心在学生中打造了一批思想政治素养高、熟悉网络活动规律的网络评论员，掌握网上动态，开展网上宣传和网上评论，引导网络舆论，针对重大突发事件、重大典型事件，尤其是负面和歪曲诽谤报道与恶意炒作，能够及时发布网络文章，配合学校引导舆论、维护学校正面形象。重庆工商大学构建高校网络思想政治教育管理舆论引导体系还注重与社会网络媒体的联动建设。社会网络媒体能更好地保证信息渠道的畅通和信息处理的及时、准确，充分反映网络舆论发展状态，在网络舆情发生以后能积极配合高校及时回应公众，发布实情，从而增强高校的舆论引导力。

第二节　高校网络思想政治教育的保障机制

随着互联网的普及和高等教育改革的深入推进，高校思想政治教育面临诸多机遇和挑战。为确保大学生思想政治教育的实效性，保证高校网络思想政治教育可持续发展，高校必须建立科学、有效的高校网络思想政治教育的保障机制，引导大学生形成正确的世界观、人生观和价值观。

一、高校网络思想政治教育保障机制建立的必要性

（一）克服市场经济消极影响的需要

随着我国进入新时代，社会主义市场经济的发展带来了深刻的社会变革。这股巨大的经济发展潮流冲击着大学生的价值选择和行为习惯，大学生的学习、生活随之受到影响。第一，市场经济具有开放性，随着国外资本的流入，享乐主义、拜金主义、利己主义、极端主义等腐朽的思想观念也悄无声息地侵蚀着大学生的观念，导致其在思想观念、消费观念上发生了翻天覆地的变化。第二，市场经济具有逐利性，容易使人产生重利轻义的价值取向，青年大学生容易受这些不良思想的影响，从而给高校网络思想政治教育带来难度。第三，市场经济具有竞争性，自然就形成了优胜劣汰的市场法则，从而促使一些大学生为了达到自己的目的，不惜采取一些不正当手段攫取利益，最终无法自拔。因此，大学生网络思想政治教育保障机制的构建，这有利于消除市场经济出现的一系列消极影响，形成网络思想政治教育坚实的壁垒，引导大学生树立科学的世界观、人生观、价值观。

（二）应对网络信息时代挑战的需要

随着网络和信息技术的飞速发展、新媒体的广泛运用以及在云计算、物联网、大数据的带动下，信息化、数字化深刻影响和改变着人们的社会生活，网络已经成为人们必不可少的交流工具。这也改变着高校网络思想政治教育的方式，给大学生思想政治教育带来了挑战。高校作为青年人才培养的主阵地，理应成为大学生了解外部世界的窗口。但在网络的冲击下，思想政治教育工作者的主体地位已经受到挑战，信息发布的权威地位

不断被打破，越来越多的学生更喜欢通过自己对网络的选择接收信息、比较信息，并做出价值判断。同时，由于全球化进程的加快，西方国家通过电影、电视剧、社交媒体等将其扭曲的思想观念、错误的文化思潮、腐朽的生活方式等消极因素侵入青年大学生的思想，给大学生思想政治教育带来难度。在网络背景下，高校不再是封闭的“象牙塔”，大学生不再只是信息的接受者，他们也可以成为信息的发布者。网络的匿名性、言论自由化，使部分意志薄弱的大学生受到蛊惑和挑动，针对热门事件或话题肆意表达个人观点和看法，完全不负责任，无所顾忌地讨论，成为“网络暴民”，对大学生思想政治教育的主阵地、主渠道造成了前所未有的冲击。因此，高校应构建高校网络思想政治教育保障机制，建立全方位的德育监控体系和引导体系，通过法律手段、技术手段等保障措施，帮助大学生抵御错误的网络侵扰，使大学生学会利用网络资源，甄别和筛选不良信息，做到文明上网，合力营造风清气正的网络环境，有效发挥网络的积极影响效应。

（三）适应高等教育改革发展的需要

随着教育强国战略的推进，我国高等教育正处于新一轮的改革、加快发展时期。高等教育正由重知识传承向重知识创新转变，由重专业教育向重素质教育转变，由重共性要求向重个性发展转变。高校从封闭走向开放、从“学校办社会”转变为“社会办学校”。这一变化使得高等教育出现多样化趋势，给大学生网络思想政治教育提供了难得的机遇，同时也提出了严峻的挑战。首先，培养具有创新精神和实践能力的大学生不仅要求教师在课堂上向大学生传授理论知识，还要求教师教会大学生如何在社会上更好地生存。从大学走向社会的过程将直接影响大学生“三观”的形成。其次，随着教育的深入改革，大学生在学习中的主体地位逐步提高，高校实行弹性学分制，大学生只要在规定学年内修满学分即可毕业。这使得大学生可以更加自主地安排自己的学习和生活，与社会的联系也更加紧密。最后，大学生管理工作的观念也在改变。在传统的教育模式下，教师都是“包办型”的，而随着高等教育改革的深入，教师已转变为“引导型”“朋友型”，大学生的主体地位更加突出。这就要求高校必须构建完善的高校网络思想政治教育保障机制，使大学生思想政治教育处于良性运行状态中，确保思想政治教育的实效性、科学性。

(四) 适应青年大学生成长规律的需要

高等学校是大学生接受正规教育的必经之地，是青年人才培养、成长的摇篮。教育的重点必须紧紧把握人才成长的规律，根据其特点，把思想政治教育放在首位。构建新时代高校网络思想政治教育保障机制有助于帮助大学生树立正确的价值观念，坚定正确的政治方向，形成高尚的道德情操，对党、国家和社会肩负起时代责任；有助于培养大学生具备坚强的意志、奋斗精神和创新能力，成为社会主义事业合格的建设者和接班人，成为德智体美劳全方面发展的新时代青年。

二、高校网络思想政治教育保障机制建立的原则

原则是事物能够保持正常、高效运转最为重要的保障。高校网络思想政治教育保障机制的创新不但要更新理念和坚持正确的理论指导，还要在具体实践过程中坚持和把握好一定的原则，使高校思想政治教育沿着社会主义办学方向有序发展。

(一) 坚持目标一致原则

目标是指人们在具体实践活动中期望达到的目的和状态。高校网络思想政治教育的目标是高校思想政治教育工作者通过网络媒介等手段，开展大学生思想政治教育活动，提升大学生思想政治素质。这是思想政治教育的核心和灵魂。为了确保大学生思想政治教育工作的目标能够实现，大学生思想政治教育保障机制必须明确职责，围绕大学生思想政治教育工作目标的实现有序开展工作。一方面，高校网络思想政治教育保障机制的目标必须与大学生思想政治教育的目标一致。两者之间是隶属关系，并且两者都共同致力于为国家培养堪当民族复兴重任的人才，共同致力于思想政治教育效能的提升，为思想政治教育持续健康发展贡献力量。高校网络思想政治教育保障机制运行必须坚持正确的方向，与高校思想政治教育运行同频共振。另一方面，高校网络思想政治教育保障机制的目标必须与高校的中心任务相统一，前者服务于后者。高校的根本任务是立德树人，主要任务是教书育人、管理育人、服务育人，高校网络思想政治教育保障机制的运行不能偏离高校的中心工作，要紧密结合高校的党政工作要点和发展规

划要求，将高校网络思想教育保障机制的目标融入学校教学、科研、管理等工作中去。

（二）坚持工具性与价值性相统一原则

内在性主要是指某一事物或对象本身所具有的价值和意义。工具性是指某一事物或对象在某一计划、目的或任务中所起到的作用。高校网络思想政治教育保障机制的内在性是要按照其自身规律的内在要求实现全面发展，高校网络思想政治教育保障机制的工具性是其对大学生思想政治教育的有用性。高校传统的思想政治教育往往在实际工作中过于强调工具性而忽略内在性，导致充满着“工具化”的运行方式和作用方式，片面强调对大学生开展思想政治教育的效用，忽视了深层次的意义和价值。高校网络思想政治教育保障机制的工具性和价值性是辩证统一的关系，内在性是源泉，是工具性的基础；而工具性则是内在性的延伸，是内在性的外在体现。否认高校网络思想教育保障机制的内在性就会导致其在运行过程中突显功利性，导致保障机制价值取向的扭曲，不利于机制自身的构建和完善①。

（三）坚持规范化与人性化相统一原则

高校网络思想政治教育保障机制是由人来制定和实施的，也是由人来监督并且进行反馈的，由此可见人的主体作用。人在高校网络思想政治教育保障机制中发挥了至关重要的作用。

传统的网络思想政治教育保障机制的运行往往是为了追求机制的科学化、规范化，使机制朝着“机械化”的思维方向发展，忽略人作为机制主体的能动性，没有促进机制与大学生长远发展的协调一致性。当前，我们秉承的教育理念是以人为本，积极发挥学生的主体能动性。按照这个教育理念，我们必须努力克服高校网络思想政治教育保障机制运行过程中出现的“机械化”思维方式，将大学生的自身发展作为核心，强调人性化管理和人性化教育在机制运行中的作用②。思想政治教育的目的是促进人的全

① 王畅. 大学生思想政治教育保障机制的构建研究［D］. 大连：辽宁师范大学，2007：32.

② 何会宁. 论大学生网络思想政治教育保障机制的构建［J］. 西南农业大学学报（社会科学版），2008（3）：195-198.

面发展，而不是通过机制、手段限制人。高校思想政治教育是围绕大学生的思想道德和行为习惯开展的教育活动，目的是帮助大学生形成正确的世界观、人生观和价值观，不是为了达到一定的目的而强制性地进行理论知识的灌输、讲授。因此，高校网络思想政治教育保障机制的创新和完善不能忽略人的价值和智慧，需要克服“机械化”这种错误倾向，注重客观性、规律性和原则性的一致，注重规范化和人性化的统一，积极发挥人的主观能动性，注重人的思维对机制所起到的促进和发展作用。

三、高校网络思想政治教育保障机制建立的理路

在网络社会的发展中，思想政治教育的要素发生了重大变化，教育主体去中心化、教育客体主体化、教育媒介多样化等一系列变化促使我国高校网络思想政治教育保障机制的创新和发展。思想保障、法治保障、技术保障、舆情保障、政策保障等方面的内容构成保障机制的基础，成为新时代高校网络思想政治教育顺利实施、有效开展的坚实后盾。

（一）创新教育理念，为网络思想政治教育提供思想保障

创新高校网络思想政治教育保障机制，思想保障是根源、先导。思想政治教育理念是人们对思想政治教育的根本看法和理性认识，是先于行动的核心理论和哲学前提。良好的思想政治教育可以使受教育者优化教育内容，提高受教育者的思想道德水平和网络社会文明程度。大学生的可塑性强，处于世界观、人生观、价值观还未定型的时期，扣好人生的第一粒扣子对价值观养成至关重要，这就需要学校把德育放在更加重要的位置，真正做到以文化人、以德育人，把立德树人根本任务落到实处。网络思想政治教育活动是一项复杂的社会系统工程，必须树立“大德育”的思想政治教育理念，才能形成整体效应，做到全员动员、全面参与，提高思想政治教育的有效性。同时，高校要树立以人为本的思想政治教育理念，以大学生为出发点和归宿，满足大学生的合理需求，并突出大学生个性发展，充分发挥大学生的主观能动性，为网络思想政治教育提供坚强的思想保障，提高思想政治教育工作的实效。

（二）普及法律法规，为网络思想政治教育提供法治保障

近年来，随着互联网的不断发展，有序的法治体制建立成为高校网络

思想政治教育的重要保障。法律具有国家强制力，对公民的权利和义务进行了约束和规范。网络虽然具有隐匿性、虚拟性的特点，但它仍然承载着人与人之间的社会活动，并与现实生活中的事物发生紧密联系，需要法律的维护和干预。尤其当网络作为文化载体，成为高校思想政治教育的重要阵地时，为了营造一个风清气正、和谐有序的网络环境，高校就必须利用社会主义的法律法规进行规范化、制度化的管理和控制。一直以来，我国对互联网立法工作十分重视，出台了一系列互联网法律法规，针对互联网文化、管理、安全等领域进行了规范和管理，维护了良好的网络秩序。高校网络思想政治教育的开展必须加强大学生的法治教育，帮助大学生熟知互联网法律法规，规范和约束大学生的网络行为，树立法律面前人人平等的意识。同时，高校要将法治建设和道德建设结合起来，使两者相互联系、相互补充、相互协调、相互促进，为顺利开展高校网络思想政治教育实践活动提供必要保障。

（三）加强计算机及网络技术应用，为网络思想政治教育提供技术保障

技术保障是网络思想政治教育的常规保障。互联网是一把“双刃剑”，一方面促进了社会繁荣，为经济社会发展做出了贡献；另一方面也滋生了大量“蛀虫”，在损害人民经济利益的同时，还对人民的人身安全构成了威胁，更严重毒害了大学生的精神健康。因此，我们应加强计算机网络技术的软硬件设施建设，将“蛀虫”扼杀于“茧卵”之中，为高校网络思想政治教育提供技术保障，为思想政治教育的良性发展奠定坚实的技术基础。一是加强国家互联网网站建设和运营，尤其是强化校园网络服务器的建设。互联网的普及，使得国外的非法投资者和反动分子通过租用临时服务器，将反动思想、色情言论等侵入校园网，严重毒害青年学子的精神世界。从2009年开始，国家域名系统（DNS）转向机制对流入国内不良的信息进行严密侦听，对有害网站进行约束、禁止，有效阻止不良信息侵蚀大学生，从而净化网络文化环境。二是强化对不良信息搜索引擎工具的购置工作。不良信息搜索引擎是常规反不良信息技术工具，网络监管人员通过它可以对非法内容进行定位、分析和处理，其具有覆盖面广、速度快的优势。各类专职和兼职思想政治教育工作者应责无旁贷地担负起大学生网络思想政治的监督者一职，做到全员参与，及时处理不良信息。三是要求互

联网协议（IP）实名制管理。实名制管理是对网民进行有效管理的常规举措之一，大大减少了互联网经济犯罪、政治犯罪、技术犯罪、文化犯罪和刑事犯罪的发生，有效规范了网络社会行为。高等学校更是普遍采用了 IP 实名制管理，每个学生发布的信息都能根据 IP 地址一一对应，对青年学生的网络言论和行为形成了实质约束，为高校网络思想政治教育提供有利的网络技术保障，助力高校思想政治教育工作在网络时代更好地开展。

（四）建立网络舆情管理机制，为网络思想政治教育提供舆情保障

舆情保障是高校网络思想政治教育的关键保障。随着互联网的普及，人们对网络新闻、热点事件的关注越来越密切，舆论的力量也越发不可小觑，即使是一件平常的小事，如广泛引起社会关注，都会引起线上线下的热议，形成舆论热门事件。高校网络思想政治教育的内容比较敏感，具有引发舆情的群体性特征，更应引起关注。网络上的音像、图文、软件等信息以及所包含的意识形态和思想倾向都属于舆情保障的标的范畴，而社会事件、热门话题、关乎自身利益等问题是舆情暴发的主要诱因。各大媒体新闻网站、校园论坛等是引发舆情的重要场所，尤其应加强关注，进行有效的网络舆情监控，确保网络环境风清气正。首先，国家应建立国家网络舆情管理中心，并配备一支高素质的国家舆情工作队伍，对国家的民生问题、外交问题、重大政治问题等进行官方评论和舆情引导。其次，国家网络舆情管理中心应当对网络媒体进行规范化管理，明确规定具有新闻采编和转发资质的网络媒体范畴，明确规定评定网络媒体的文化性质和级别资质等，明确规定国家管制的新闻传播内容以及其他文化内容，规范互联网传媒行业，提高网站管理团队的责任感和自律性。最后，各高校应建立网络舆情监测和管理中心，对大学生关注的热门话题、重大事件进行实时关注，对能够引起正面积极反响的信息，应当公布推广，引起正面的评议热潮；对有可能引起争议的信息，应当注意监控，对受众反应及时给予正确引导；对有可能被误解的信息或负面内容，应当禁止其传播，确保网络信息可控、舆论可控。

（五）加大投入力度，为网络思想政治教育提供政策保障

政策保障是网络思想政治教育的基础保障。良好的政策保障应该给予充足的物质政策、人才政策、行政政策等方面的保障，使高校网络思想政

治教育在新时代背景下快速发展。物质政策是高校开展网络思想政治教育的必要条件。高校网络思想政治教育是在市场经济的规则下进行的，物质是基础，开展思想政治教育工作需要经费投入，用于在线课程开发、学科建设等。因此，物质政策是开展网络思想政治教育的启动条件。人才政策是开展网络思想政治教育的重要条件，是高校开展思想政治教育的重要力量。思想政治教育者的学历结构、职称职级、工作水平和人员数量等，决定了教育实施能力。首先，高校应制定和完善思想政治教育工作队伍的技术职务评聘机制，将其职称评定单列，调动这支队伍工作的积极性。其次，健全系统的培训机制，有计划、有步骤地安排思想政治教育工作队伍的教师进行系统性培训，对其进行教育学、心理学等方面的培训，不断提高他们的素养和业务能力。行政政策是开展网络思想政治教育的核心条件。它决定了网络思想政治教育能够局部开展还是全面深入，是单兵作战还是全面协作。只有获得思想政治教育的领导权和指挥权，网络思想政治教育才能真正广泛地发挥实效。

第七章
高校网络思想政治教育评估体系研究

作为高校开展网络思想政治教育的重要组成部分，构建高校网络思想政治教育评估体系可以为评估工作提供统一的标准，可以推动高校网络思想政治教育工作的持续发展，可以丰富和完善思想政治教育评估理论，进而促进教育评估学科的发展。早在 1986 年，陆庆壬主编的《思想政治教育学原理》一书，对思想政治教育评估的意义、要求、标准、原则以及评估途径、方法等进行了论述，这是高校思想政治教育评估工作的初探阶段[①]。20 世纪 90 年代，思想政治教育评估研究又有了很大发展，但其更为侧重定性分析而缺乏定量研究。进入 21 世纪，思想政治教育评估理论研究又有了长足发展，更为科学系统，开始运用更多定量分析方法。2012 年，中宣部、教育部出台《全国大学生思想政治教育工作测评体系》，高校思想政治教育评估指标体系进一步细化并走向统一和一致化。然而，同一时期，随着信息时代的高速发展，抢占网络阵地，加强大学生思想政治教育成为新课题，高校网络思想政治教育成为大学生思想政治教育的重要阵地。多年来，大学生思想政治教育研究为网络思想政治教育发展奠定了坚实的理论基础。近年来，高校网络思想政治教育成效显著，也有了很多创

① 陆庆壬. 思想政治教育学原理［M］. 上海：复旦大学出版社，1986：7.

新形式，但对高校网络思想政治教育的评估，不能凭借主观印象和个人情感，必须有一个统一客观的标准。遗憾的是，高校网络思想政治教育评估的研究依然较少，仍是整个高校思想政治教育评估领域最为薄弱的环节，评估体系的构建尚未有系统的研究。高校网络思想政治教育评估体系的构建对高校持续不断改革创新网络思想政治教育、守好思想政治教育主阵地有着重要作用。

第一节　高校网络思想政治教育评估体系的内涵及研究现状

一、高校网络思想政治教育评估体系的内涵

只有明确高校思想政治教育评估的核心定义，才能更好地厘清高校网络思想政治教育评估，为进一步探讨高校网络思想政治教育评估的原则、方法、指标等奠定理论基础。什么是高校思想政治教育评估？如何评估？关于这些问题，学者们从不同的角度提出了几种具有代表性的观点。有的把思想政治教育评估作为解决问题的方法和手段，有的认为思想政治教育评估是对思想政治教育效果的价值判断，有的认为思想政治教育评估是一种评价和估计活动和过程。较为主流的观点认为，思想政治教育评估是指思想政治教育决策者和管理者为了检测思想政治教育的价值和有效性，为思想政治教育改革提供经验总结而运用测量、统计、系统分析等一系列定性或定量分析方法对思想政治教育活动的参与者、活动现象以及活动程序进行价值判断的过程①。

高校网络思想政治教育作为高校思想政治教育传播实施的新手段，是指高校思想政治教育主体基于网络载体，结合大学生的认知规律，对大学生施加符合一定社会、一定阶级所需要的思想观念、政治观点、道德规范等方面的内容，使他们形成良好的思想品德的实践活动。

基于以上基础定义，网络思想政治教育评估是由一个包含着网络思想

① 孙梦云，杨国辉，曹支华．思想政治教育评估的研究状况分析［J］．湖南师范大学社会科学学报，2006（1）：59-63.

政治教育主体、客体、内容、方法、手段、路径、评估主体和客体、评估技术和手段、制度和环境等许多因素共同形成的复杂系统①。

二、构建高校网络思想政治教育评估体系的意义

对网络思想政治教育评估体系的研究，是实现思想政治教育科学化的重要前提，是思想政治教育与时俱进的重要体现，是新时代青年工作规律的根本遵循。它的重要理论价值体现在以下几个方面：

（一）丰富完善高校思想政治教育评估理论

思想政治教育评估作为思想政治教育重要环节之一，从某种意义上来讲，能够独立发挥其作用。思想政治教育评估本身并不是静止的，而是随着社会发展不断变化的，其随着人们认识客观事务能力的提高以及现代科技技术发展而发展。例如，伴随着互联网的迅猛发展，网络思想政治教育的研究与实践取得了长足进展，那么网络思想政治教育评估就变得极为重要，成为思想政治教育评估领域的重要组成部分。网络思想政治教育是以互联网的各种传播形式为载体，如微信、微博、短视频、网站、应用程序等，与传统思想政治教育载体在表现形式、话语体系、传播方式、接收效果上有本质区别。因此，其评估指标内容也应该有所不同。同时，评估方式和评估技术又会用到信息技术。可以说，网络思想政治教育评估与传统的思想政治教育评估有本质区别。对高校网络思想政治教育评估体系的研究，可以丰富完善高校思想政治教育评估理论与实践，也是高校思想政治教育新时代新发展不可或缺的一部分。

（二）推动网络思想政治教育长足发展

高校网络思想政治教育评估本身也是网络思想政治教育的重要内容。近年来，随着网络思想政治教育实践的全面深入，网络思想政治教育从长期来看有必要构建一门相对独立的新学科——网络思想政治教育学，以便于系统总结网络思想政治教育工作的经验和研究成果，完善网络思想政治教育学理论和方法论体系，促进网络思想政治教育学的健康发展。由此可

① 韦吉峰，廖扬平，赖碧瑛. 网络思想政治教育评估价值生成及其策略［J］. 广西民族大学学报（哲学社会科学版）2017（1）：193-196.

见，对高校网络思想政治教育评估体系的研究，不仅可以丰富完善高校思想政治教育评估理论，还能推动网络思想政治教育作为一门独立学科的长足发展。

（三）构建高校网络思想政治教育评估统一标准

思想政治教育的评估不是一成不变的。近年来，网络思想政治教育长足发展，高校以互联网为载体开展思想政治教育活动已成常态。这迫切需要顺应时代发展统一评估标准，拒绝想当然的主观评论或毫无针对性的照搬套用。高校网络思想政治教育评估指标体系是从高校网络思想政治教育总目标中分解出来的，由多个一级评估指标和二级评估指标构成体系，规定了评估内容与范围，是对高校开展网络思想政治教育实践进行评估的依据。高校网络思想政治教育评估指标的内容是对网络思想政治教育实施的各项工作进行等级划分，并赋予权重，在指标描述上明确、清晰、有针对性，在实施上具有可测量性和可比较性。因此，高校网络思想政治教育评估指标反映了客观需要，能够作为高校网络思想政治教育评估的统一标准。

评估本身是科学的、客观的而不是主观的。从哲学的角度看，网络思想政治教育是科学的实践活动，具有客观现实性，实践主体、客体、手段等诸要素以及实践结果都具有客观现实性。高校网络思想政治教育是做人的工作，青年学生有自身的成长规律和时代特征，网络也有其传播规律。高校网络思想政治教育评估以人和社会发展的需要为尺度，对现实的网络思想政治教育做出价值判断，以此预测和确定未来需要努力的方向，通过统一评估标准对工作实践进行科学反馈。

（四）促进高校网络思想政治教育工作实践的进一步发展

评估不是目的，而是一种手段、一种工具。高校网络思想政治教育评估正是结合教育统计学、测量学、计算机技术、传播学等相关现代科学理论，运用科学有效的方法，对高校网络思想政治教育的相关活动进行检查。以评估的客观结果为依据，对高校网络思想政治教育工作有效性做出准确判断，与时俱进，全面科学地总结积累经验，吸取教训，才能为下一步高校网络思想政治教育工作指出明确的目标与方向。一方面，评估可以加强、改进和优化高校网络思想政治教育的载体建设；另一方面，评估可以提高网络思想政治教育者的能力素质。此外，评估有助于全面提升高校网络思想政治教育的有效性，从而促进高校网络思想政治教育工作实践的进一步发展。

三、高校网络思想政治教育评估体系的研究现状

网络思想政治教育、教育评估、思想政治教育评估无论是理论还是实践，已经得到众多学者的关注，相关研究众多，并已经形成系统的理论。但是，对高校网络思想政治教育评估进行研究，是高校网络思想政治教育高速发展进程中鲜有人关注的空白。笔者以“网络思想政治教育评估”为关键词在中国知网进行搜索，相关研究仅十几篇。在众多“网络思想政治教育”类的专著中，也少有专门篇章研究“高校网络思想政治教育评估”。夏晓虹主编的《高校网络思想政治教育》第七章对高校网络思想政治教育工作的评估主要涉及的是评估意义与原则，并没有具体评估指标。檀江林主编的《高校网络思想政治教育研究》第六章对网络思想政治教育评估体系做了阐述，主要包括网络思想政治教育评估的内涵、内容和评估方法三个方面。黄蜺、彭湘蓉、王振宇所著的《网络思想政治教育新论》对网络思想政治教育缘起、发展、目标、内容、要素、功能以及队伍建设，网络政治、文化、社会、生态等进行了与现实相结合的理论和实践分析，但同样缺少了评估部分，这不利于指导高校网络思想政治教育的发展。虽然高校网络思想政治教育评估还没有形成较为完整的理论体系，但德育评估、思想政治教育评估、统计测量等学科可以作为网络思想政治教育评估的理论基础。此外，还有部分论文对高校网络思想政治教育载体的评估、对高校网络思想政治教育绩效的评估等方面有一定的研究，这些都对本书高校网络思想政治教育评估体系构建的研究具有重要的指导意义。

第二节　高校网络思想政治教育评估体系的整体结构、作用、构建原则和依据

一、高校网络思想政治教育评估体系的整体结构

评估工作是一个庞大、复杂且艰巨的系统工程。根据罗浩准、吴卿

昊、王斌所著的《高校思想政治教育评估设计》一书所述，高校思想政治教育评估体系包括三个子系统：高校思想政治教育评估组织体系、高校思想政治教育评估指标体系和高校思想政治教育评估方法体系[①]。高校网络思想政治教育评估属于思想政治教育评估的一个重要组成部分，网络思政只是在载体上、内容表现形式上区别传统思政。因此，我们认为，高校网络思想政治教育评估体系也应由以下三个子系统构成：

（一）高校网络思想政治教育评估组织体系

按照现代管理学的理论，高校网络思想政治教育评估组织的目标是在新的时代背景下对高校网络思想政治教育领域中评估客体进行价值判断。因此，高校网络思想政治教育评估组织体系可以理解为：在进行高校网络思想政治教育评估活动中从事不同活动的各项评估主体，为了实现某项具体价值判断而组合起来协调行动的集合。从动态角度来说，高校网络思想政治教育评估组织体系是一个由评估领导决策机构所统领的、由评估管理组织与评估操作组织所具体运作并推动完成评估活动的系统组织。它动态地反映评估外在环境要求，有效积聚新的组织资源要素，同时协调好组织中各个子系统之间、人员与任务之间的关系，有效保证组织活动顺利开展，最终保障高校网络思想政治教育评估目标的实现。高校网络思想政治教育评估组织体系具有调控性、规范性、复杂性等特点，评估组织体系的设计任务是明确评估组织结构、规划、计划以及组织内各子系统的职能范围，如领导决策机构组建与人员配备、评估管理机构组建与人员配备、评估操作组织组建与人员配备等。高校网络思想政治教育评估组织体系贯穿整个评估过程，是整个评估工作能顺利进行的有力保障。

（二）高校网络思想政治教育评估指标体系

高校网络思想政治教育评估指标体系是整个评估体系的核心和关键，它是高校网络思想政治教育评估对象整体特征和现状的科学呈现，是网络思想政治教育目标的具体化，由新的时代背景下高校开展思想政治教育活动所必须遵循的价值标准和目标要求转化而来，是评估人员进行评估时所

① 罗浩准，吴卿昊，王斌．高校思想政治教育评估设计［M］．重庆：西南大学出版社，2023：17.

依据的统一的评估准则。

高校网络思想政治教育是有一定目的性的，是基于现实社会与网络社会的主客观条件，在一定科学预测的基础上，通过网络等教育手段、教育活动开展思想政治教育，使教育对象达到社会基本要求。教育目标的实现是一个渐进的发展过程。高校网络思想政治教育根据受教育者思想品德形成规律展开，使教育内容内化于心、外化于行。因此，教育目标体系具有层次性，包括知、情、意、行四个阶段。指标体系的构建除考虑横向的内容体系外，还应该考虑纵向的发展层次体系。指标体系是一个系统、立体、多维的指标集合。例如，培养德智体美劳全面发展的社会主义建设者和接班人、提升高校开展网络思想政治教育活动的水平、优化高校网络思想政治教育队伍的整体结构等，都是高校网络思想政治教育活动的内容目标。这些目标的实现，不是一蹴而就的，而是要经过人对事物认知发展的几个阶段，即内容认知、自我提升、归属价值、实践呈现。在构建评估指标体系时，这些目标通常都具有原则性、概括性、抽象性和发展性，无法直接对它们进行评价、判断，而是将这些原则性、概括性、抽象性和发展性的目标进行多维度、多层次分解，形成具体、可行、可测的指标体系。这是一项政策性要求高、科学性强、难度较大的工作。本书将在后续内容着重介绍高校网络思想政治教育评估指标体系的构建。

（三）高校网络思想政治教育评估方法体系

高校网络思想政治教育评估方法是指为了达到高校网络思想政治教育评估的某种特定目的，根据确定的高校网络思想政治教育评估原则所选定的有利于充分调动各类评估力量，开展协调工作的一整套活动和操作的有效工具。具体来说，高校网络思想政治教育评估方法包括收集、整理、优化高校网络思想政治教育评估信息资料的知识和经验，计划、组织、开展高校网络思想政治教育评估实施活动的技能和手段。因此，为了充分满足高校网络思想政治教育评估实践的需要，我们既要从方法论的高度构建高校网络思想政治教育评估方法体系，又要从具体的评估实践出发，遴选多种详细的评估实施方法构建高校网络思想政治教育评估方法体系。

高校网络思想政治教育评估方法体系主要包括评估管理方法系统和评估操作方法系统。管理方法系统又由计划、组织、调控、反馈构成，操作方法系统则由信息管理和评估技术构成。高校网络思想政治教育活动开展的复杂性、高校网络思想政治教育评估的多目标性和多阶段性，决定了高校网络思想政治教育评估方法体系的复杂性和整体性。

二、高校网络思想政治教育评估体系的作用

（一）导向作用

一方面，高校网络思想政治教育评估是在新时代新要求背景下对高校推动网络育人、与时俱进开展网络思想政治教育实现其社会价值的判断，那么其必然会引导高校网络思想政治教育活动适应社会、适应大学生的发展需要，并朝着社会发展、人的观念和生活方式转变的方向发展，进而更好地实现其社会价值。另一方面，高校网络思想政治教育是一个动态和发展的过程，在教育的开展和进行过程中会不断发生变化。为了防止高校网络思想政治教育的方向偏离或完全背离正确的方向，高校网络思想政治教育评估需要对教育活动的发展方向做出判断，对教育的效果做出价值考量，从而使高校网络思想政治教育的开展不断根据评估的结果做出方向和策略的调整，使高校网络思想政治教育活动的方向始终与高校思想政治教育的目标保持高度一致。

（二）判断作用

高校网络思想政治教育评估根据评估指标体系，运用一定的评估方法，对高校网络思想政治教育评估对象进行全面判断，判断价值的大小、效果的好坏以及方向的准确与否，从而认识评估对象在质与量两方面的现状。具体来说，高校网络思想政治教育评估主要体现在对高校网络思想政治教育目标实现情况及效果的鉴定。高校网络思想政治教育活动要围绕总目标与子目标开展，在环节上要保持连贯性，这体现在整体教育方案设计、教育方法内容、教育过程环节、教育效果与教育目标保持一致。高校网络思想政治教育评估主要评估一致性如何、在哪些方面存在偏离及偏离了多少的问题。高校网络思想政治教育评估就是要通过对具体指标体系的评估，着重判断这些内容，同时还要对偏离目标的原因做出定性分析，为反馈信息和提供意见、建议做好准备。

（三）促进作用

严谨、客观的高校网络思想政治教育评估是对评估对象的价值判断。具体来说，高校网络思想政治教育评估是对高校网络思想政治教育各领域工作现状、工作理念、工作水平的评价。它可以调动高校网络思想政治教育相关工作的管理者和执行者的积极性、创造性，还可以使其从思想上提高认识。高校网络思想政治教育评估可以使从事大学生网络思想政治教育的相关人员认识到自己工作的成绩与不足，从而明确改进方向，促进网络思想政治教育从业人员思想认识水平和工作能力的提升。高校网络思想政治教育评估可以让网络思想政治教育工作者的工作成效和努力得到社会、组织以及他人的认可，使他们的工作主动性与工作热情得到更大程度的发挥。高校开展网络思想政治教育评估，有助于及时优化网络思想政治教育工作。网络思想政治教育工作与传统思想政治教育工作不同，网络这种载体的特殊性使网络语言、话题、事件、亚文化等新观点、新文化、新语言层出不穷。习近平总书记指出："做好高校思想政治工作，要因事而化、因时而进、因势而新。要遵循思想政治工作规律，遵循教书育人规律，遵循学生成长规律，不断提高工作能力和水平。"这对高校网络思想政治教育工作的开展有着重要的指导意义。高校网络思想政治教育评估可以早发现、早改进、早跟进，牢牢守护好网络思想政治教育主阵地。

三、高校网络思想政治教育评估指标体系的构建原则

高校网络思想政治教育评估指标体系的构建原则，是高校思想政治教育评估能发挥作用、客观推进的重要保证，是评估指标体系构建过程中应该遵守的准则和指导思想。高校网络思想政治教育评估指标体系的构建，必须立足于自身的特点和规律，充分反映目标；坚持从实际出发，同时兼顾评估过程的公平性和评估结果的有效性。

（一）党性原则

高校思想政治工作的基本原则就是要坚持党对高校的领导，坚持社会主义办学方向，坚持全员全过程全方位育人，坚持遵循教育规律、思想政治工作规律、学生成长规律，坚持改革创新。高校思想政治教育工作是思想政治工作的重中之重，那么高校思想政治教育学自然是一门党性很强的

学科。作为这门学科重要组成部分的高校网络思想政治教育评估，应秉持政治期待，必须坚持党性原则，即紧紧围绕党的宗旨和党的任务这个根本点来开展评估工作。高校网络思想政治教育评估坚持党性原则就是要坚持评估的内容与标准必须紧紧围绕并反映党的奋斗目标和党在各个时期的总任务，切实保证高校思想政治教育始终为党的方针政策和奋斗目标以及在各个时期的中心工作服务。只有坚持了党性原则，高校思想政治教育评估才能保持正确的方向。

（二）系统性与科学性原则

高校网络思想政治教育评估是一个包含不同层级、不同类型、不同对象的系统工程。一方面，评估工作本身从整体来看就是一个系统工程，就是要坚持高校网络思想政治教育评估结构的整体性与层次性统一；要坚持高校网络思想政治教育评估循环连续性，即在连续的评估循环系统中不断总结改进，从而在发展中完善。另一方面，评估指标体系要全面反映高校网络思想政治教育系统的整体要求，反映评估对象数量和质量要求。在制定高校网络思想政治教育评估指标时，各项指标在相互配合和综合中全面体现出评估对象的数量和质量要求。高校网络思想政治教育评估要尽可能做到体系完备、指标明确、重点突出，不能失之偏颇，对重要指标不能遗漏；要全面把握各项指标，各项指标的重要性程度、所占权重应恰如其分。

高校网络思想政治教育评估的科学性是指评估体系的构建要符合客观规律，要有科学依据，而不是凭借主观臆测。它是在坚持实事求是的基础上，深入实际，运用科学的方法和工具掌握大量客观真实材料，并进行定性分析和定量分析。这一过程将以哲学、管理学、统计分析学、计算机信息技术学为理论基础与技术支持。从这一层面来说，高校网络思想政治教育评估的科学性是毋庸置疑的。此外，评估指标的科学性是评估工作有效进行的前提条件。高校网络思想政治教育实践是不断发展变化并不断创新的实践，新时代大学生成长于信息时代，而当今时代信息技术带来的生活方式、思维方式等都在革新，坚持科学性原则是时代要求、规律要求，也是理论基础要求。因此，构建评估指标体系要防止评估指标体系中出现重复、矛盾和偏差，要使评估指标能够科学地反映高校网络思想政治教育工作各方面的本质属性，最大限度地减少人为因素干扰。

（三）静态与动态相结合原则

高校网络思想政治教育静态评估是指在一定时间、空间、情境下，对高校网络思想政治教育活动、教育效果、条件技术现状进行评估。静态评估表明评估客体的现状。高校网络思想政治教育动态评估是指在一定时间、空间、情境序列中，对高校网络思想政治教育活动、教育效果、教育条件现状进行评估。动态评估反映评估客体发展能力与发展趋势。坚持高校网络思想政治教育评估静态与动态相结合，就要坚持高校网络思想政治教育各项构成要素在评估活动某一阶段中的相对稳定性，并通过动态分析了解其能够达到的程度和发展趋势，从而为下一轮评估奠定基础。只有这样的现状与趋势、静态与动态相结合的评估才是科学全面的评估。

（四）定性与定量相结合原则

高校网络思想政治教育的定性评估是指通过对评估客体的整体和部分性质的分析与把握来获得对其某一特定评估环节和项目的判断。高校网络思想政治教育的定量评估是指运用调查数据，通过对评估客体表现出来的一些数量上存在的关系进行整理分析，从数量上相对精确地对某一特定评估项目进行量的判断方法。唯物辩证法坚持事物质量互变的基本规律，认为没有无质的量，也没有无量的质，质与量不能单独存在。科学的评估必须将定性评估与定量评估有机结合起来。没有定性评估，只能是模糊不明的评估；没有定量评估，只能是无现实意义的评估，定量与定性相辅相成、互为支撑。在具体工作中，高校网络思想政治教育评估要根据实际情况，正确认识定性、定量评估方法的适用范围，科学选择、合理配置组合评估方法，从而真正坚持定性与定量有机结合的原则。

（五）绝对与相对有机结合原则

高校网络思想政治教育的绝对评估是指将思想政治教育的过程、效果等评估客体置于国家整体环境之下，以国家的大政方针为准则，在一定的统一标准下进行测定和评价，主要突出高校网络思想政治教育在党和国家以及社会的要求下的整体完成情况和效果。高校网络思想政治教育的相对评估是指将网络思想政治教育的过程、效果等评估客体置于同一时间维度下不同部门和学院的评估，或者同一部门和学院在不同时间维度下的评估，主要突出高校网络思想政治教育的发展和变化。绝对评估和相对评估的有机结合，既能保证高校网络思想政治教育工作不脱离国家、社会的大背景和大环境，又能兼顾不同高校开展网络思想政治教育的发展情况和评估实际。脱离绝对评估，容易导致高校网络思想政治教育重点不突出，甚至偏离方向；脱离相对评估，容易忽视高校网络思想政治教育的发展性。只有绝对评估与相对评估相结合，才能保证高校网络思想政治教育评估的科学性和系统性。

四、高校网络思想政治教育评估体系的构建依据

（一）理论依据

1. 马克思主义理论

马克思主义哲学是人类社会最一般规律的科学，是科学的世界观和方法论的理论体系。马克思主义哲学为一切科学研究提供正确的认识工具，帮助人们揭示事物内在的本质及其特有的发展逻辑，因此也应当成为构建高校网络思想政治教育评估体系的根本理论基础。马克思主义的科学实践观、辩证唯物主义，对我们深刻认识并构建高校网络思想政治教育评估体系具有指导意义。马克思很早就指出："人的思维是否具有客观的真理性，这不是一个理论的问题，而是一个实践的问题。人应该在实践中证明自己思维的真理性。"① 构建高校网络思想政治教育评估指标体系，要以高校网络思想政治教育实践的效果为标准，这是由实践本身的性质决定的。此外，马克思关于环境、教育与人的发展相互关系的论述，对我们准确把握网络思想政治教育规律的重要启示在于要辩证地看待网络环境、网络思想政治教育工作与人的发展的本质联系及其矛盾运动的必然趋势，深刻认识网络环境的发展规律、网络思想政治教育工作的规律以及网络环境下人的思想品德形成发展的规律。网络思想政治教育规律是指网络思想政治教育活动在其发展过程中的内在的、本质的、必然的联系。在新时代，认识和把握网络思想政治教育规律，对构建网络思想政治教育指标评估体系及其不断增强网络思想政治教育的实效性具有重大意义。

① 马克思，恩格斯. 马克思恩格斯全集：第三卷［M］. 北京：人民出版社，1995：3-4.

2. 其他相关学科

（1）教育学原理。教育学在经历了几百年的发展后形成了一个完整的学科体系。随着时代的发展，高等教育学、教育测量学、教育心理学、教育评价学以及教育统计学等分支学科的发展也已相当完善。这些领域里的相应原理或方法对构建高校网络思想政治教育评估指标体系有着指导和借鉴作用。例如，从教育学的角度看，教育评估及其实践也是一种教育活动。它提升了教学活动的规范性、科学性，使教学活动实践与教育目标实际契合，促进受教育者个体实现全面发展并符合国家教育目标的要求。

（2）思想政治教育学。1984 年，思想政治教育作为一门学科被确立，经过 40 多年的发展，思想政治教育学学科建设取得了丰硕的成果。思想政治教育担负着国家主流意识形态传播和人的思想政治素质培养的重任。两者统一于思想政治教育的具体实践之中。高校网络思想政治教育属于思想政治教育的一个重要组成部分，是一种重要载体、重要形式。因此，对网络思想政治教育的评估自然离不开思想政治教育学理论的指导，需将其作为理论基础和依据。

（3）心理学原理。心理学是一门研究人的发展心理活动规律的科学。作为认识论的科学基础，心理学已经成为当今教育理论发展的重要理论资源。例如，教育心理学对学生认知、行为、心理发展的研究。一方面，心理健康教育本身属于网络思想政治教育内容体系的一部分；另一方面，心理学对高校网络思想政治教育评估的设计与实施尤其是大学生网民德育评估、网络媒介素养评估有着重要的意义。我们可以运用心理学已有知识与理论，遵循人的心理活动发展规律，使高校网络思想政治教育评估指标体系更具有科学性。因此，重视和运用心理学原理在高校网络思想政治教育评估理论中的基础作用，也是评估结果科学性的保障。

（4）系统科学原理。马克思指出："人与自身的任何关系，只有通过人同其他人的关系才得到实现和表现。"① 人的自由全面发展不是独立于社会的，而是在历史发展过程中，处于一定社会关系之中。这就要求网络思想政治教育必须契合人的全面发展要求，从整体出发。这也构成了网络思

① 马克思，恩格斯. 马克思恩格斯选集：第 1 卷［M］. 北京：人民出版社，2012：58.

想政治教育功能的整体特性。因此，在高校网络思想政治教育评估过程中，系统的观点必须贯穿始终。构建高校网络思想政治教育评估指标体系需要借鉴系统论的整理性原理、控制反馈性原理以及最优化原理，从构成评估指标的各要素之间关系及相互作用、运行过程入手，从整体上深入探讨有关的理论问题与实践问题。

（二）政策依据

2004 年 8 月，中共中央、国务院出台了《关于进一步加强和改进大学生思想政治教育的意见》以下简称《意见》。作为 21 世纪首个具有权威性和指导性的高校思想政治教育工作纲领性文件，其主要内容涵盖高校思想政治教育的各个重要方面，并就如何加强和改进高校思想政治教育工作和指导高校思想政治教育机制运行做出了较为全面的部署。《意见》明确要求“主动占领网络思想政治教育新阵地”“加强校园网的建设，使网络成为弘扬主旋律、开展思想政治教育的重要手段”等。这些规定对高校开展网络思想政治教育工作具有重大的战略意义和现实意义。伴随着“互联网+”的进一步深入，各种网络媒体不断创新，大数据、自媒体、短视频、应用程序等深刻影响着人类社会，大量的新时代“00 后”大学生进入大学校园，原有的指导思想和工作部署不可避免地产生了一定的时代局限性。因此，2017 年，中共中央、国务院发布《关于加强和改进新形势下高校思想政治工作的意见》，进一步完善了在新的时代背景下高校思想政治教育的指导思想和基本原则。针对新形势的变化和挑战，《关于加强和改进新形势下高校思想政治工作的意见》从国家战略高度和全局性的长远利益出发，制定了更契合时代的指导方针。《关于加强和改进新形势下高校思想政治工作的意见》指出，“以加强高校网络等阵地建设为重点”“要创新网络思想政治教育，开展高校校园网络文化建设专项试点工作”“加强高校校园网络安全管理，加强高校校园网站联盟建设，加强高校网络信息管理系统建设”。

第三节　高校网络思想政治教育评估指标体系构建

高校网络思想政治教育评估指标体系具有极强的导向作用。评估指标构建的重点，也常常是高校网络思想政治教育组织者开展高校网络思想政治教育相关工作的重心。因此，构建一个系统、完善、科学的高校网络思想政治教育评估指标体系是整个高校网络思想政治教育评估体系的核心，是一项政策性强、科学性强、难度较大的工作。

一、高校网络思想政治教育评估指标体系的分类

高校网络思想政治教育评估指标体系按照不同的分类标准，可以分为不同的类型。按照评估对象的不同，高校网络思想政治教育评估指标体系可以分为网络思想政治教育对象指标集合、网络思想政治教育者指标集合和网络思想政治教育环境指标集合；按照评估内容的不同，高校网络思想政治教育评估指标体系可以分为直接指标集合和间接指标集合；按照适用范围的不同，高校网络思想政治教育评估指标体系可以分为通用指标集合和专项指标集合；按照内容形态的不同，高校网络思想政治教育评估指标体系可以分为静态指标集合和动态指标集合；按照过程实践的不同，高校网络思想政治教育评估指标体系可以分为目标指标集合、过程指标集合、条件指标集合；按照活动效果的不同，高校网络思想政治教育评估指标体系可以分为整体效果指标集合和个体效果指标集合；按照广义的高校网络思想政治教育对象的不同，高校网络思想政治教育评估指标体系可以分为个体受教育者指标集合和集体受教育者指标集合。

二、高校网络思想政治教育评估指标体系的构成要素

高校网络思想政治教育评估指标体系主要由指标系统和指标权重系统两个基本系统构成。

高校网络思想政治教育评估的指标系统反映了指标的结构形式。高校网络思想政治教育评估指标是对高校网络思想政治教育评估的价值标准和目标进行分析并逐级分解得到的，因此高校网络思想政治教育评估指标体

系应该是一个具有分级分类的完整模块结构的指标集合，或者说是一种具有树状结构的指标集合体系，其中每一个指标集都由若干个子集组成，每一个子集又由更小的子集组成。无法再进一步分解的最后一级指标，被称为末级指标。评估的目标通常设定为零级指标，以下逐级划分成一级指标、二级指标等，以此类推，并最终形成末级指标。这样就构成了一个完整的高校网络思想政治教育评估指标体系。这种具有分级分类的模块式结构的指标系统有一个明显的优点，就是当仅对目标的某一个方面评估，如对某一方面的具体工作进行评估时，只需要取出相应的一个模块即子集，就构成了所对应的指标系统，而不必另外重新规划和设计全新的指标系统。

高校网络思想政治教育评估的指标权重系统反映了各个指标系统之间的相互关系。指标系统是由分层次、分项目构成的一个多因素的指标集合。这些指标在指标系统内的地位与其发挥的作用必然存在差异，各自具有独特的、不同的作用。因此，如何明确各项指标之间的相互关系以及各项指标之间的重要程度，对高校网络思想政治教育评估具有重要意义。在此基础上建立一套明确的、科学的高校网络思想政治教育评估的指标权重系统就显得十分重要。在这个系统中，每一项指标会对应一个具体的权重系数，每一个指标集合会对应一个权重集合，每一个评估指标系统会对应确定的评估指标权重系统。这一个由若干权重集合所构成的系统，就构成了高校网络思想政治教育评估的指标权重系统。

三、高校网络思想政治教育评估指标体系的设计要求

（一）高校网络思想政治教育评估指标体系设计的科学性要求

高校网络思想政治教育评估是一项科学性的实践活动。其指标体系的设计要达到如下科学要求，才能有效地对高校网络思想政治教育活动进行评估。

其一，每项指标及形成的指标体系必须能够有效地反映相对应的高校网络思想政治教育目标的特殊性质。否则，该指标就是无意义的，而将这种无效指标纳入高校网络思想政治教育评估指标体系会降低整个指标体系的设计有效性。

其二，每项指标及形成的指标体系必须具有较强的区分度。也就是说，指标应该能够有效区分高校网络思想政治教育在对不同教育目标评估时的结果差异。如果所有教育目标的结果均在某项指标上获得同样的或相近的量化结果，说明指标体系的设计是不成功的。

其三，每项指标应尽可能准确地描述高校网络思想政治教育的目标成果及其价值的主要特征。同时，所形成的指标体系的结构应尽量完整地反映目标成果价值的结构特征。

其四，指标体系应该是各项指标有机联系的集合。在指标体系中，每项指标应该具有从某一侧面反映同类指标共同描述的目标成果特征，并互相印证。同时，这些指标之间还应该有一定程度的相互独立性，避免重复。

（二）高校网络思想政治教育评估指标设计的应用性要求

高校网络思想政治教育评估是一项具有很强的实践操作性的工作，因此，指标体系设计要时刻把握有利于评估主体操作、应用的要求。

其一，评估指标要有较高的清晰度。高校网络思想政治教育评估的每一项指标都应该很清晰地表述或描述评估客体在某一方面的特殊性质，要尽可能达到能够使评估人员在评估操作时不产生理解歧义与语义模糊。否则，设计的评估指标就不具备评估最基本的可行性和易用性。

其二，高校思想政治教育评估指标的设计要在最大限度上符合被评估领域的语言环境与叙述方式规范。评估人员一般都是被评估领域的专业人士，都具备一定研究领域的专业知识与素养以及不同的实践经验与思维习惯。如果指标不能在最大限度上按照被评估领域规范的术语进行表达或描述，评估人员就有可能结合自己的实践经验与思维方式对指标重新进行重新定义，从而产生对同一指标的理解偏差，进而使评估的整体效果产生偏移。

其三，高校思想政治教育评估指标体系的设计要尽量简短、精练。指标体系经过理论论证和技术处理后，要尽可能简短、精练，以便评估人员在评估活动中使用、理解。如果指标的描述过于冗长，则容易导致评估人员找不到评估重点，从而在理解上产生偏差，影响评估效果。

四、高校网络思想政治教育评估指标体系的具体设计

在完成对高校网络思想政治教育评估体系的整体性分析以及对指标和指标体系的分析的基础上，我们就可以开始进行高校网络思想政治教育评估指标体系的设计。高校网络思想政治教育评估指标体系的设计是一个动态、连续、循环的过程，评估指标体系在这种循环中不断优化和完善。

（一）确定目标

高校网络思想政治教育评估的领导决策小组决定评估的最终目标，也就是零级指标，为指标的设计确定范围、规定方向。零级指标的设计虽然不是直接由指标设计人员进行操作，但它直接决定了高校网络思想政治教育评估指标及指标体系设计的重点、基础、方向。

（二）分解目标，确定分级指标

这一步骤是高校网络思想政治教育评估指标体系设计的核心，也是整个评估体系构建和评估后续运行的重点环节。这一步骤通过分析高校网络思想政治教育评估目标所要表达的准确意义，明确高校网络思想政治教育评估目标的具体内容、体现途径和方式，根据评估指标和指标体系的特征与设计要求，对目标进行逐级分解，以完成各层级指标的设计，直至形成具有可行性和可测性的末级指标，最终形成初始的高校网络思想政治教育评估指标体系。确定分级指标的方法主要包括两个组成部分：一是在高校思想政治教育理论分析和评估实践分析的基础上进行提取，二是向相关领域的专家进行咨询。

高校网络思想政治教育评估在理论分析和评估实践分析的基础上提取出指标体系。其主要包括三个方面：第一，剖析高校网络思想政治教育的理论分析方面。高校网络思想政治教育的理论研究成果是实施评估的理论基础，指标设计者从相关的理论研究成果中可以进行深入剖析，从而提取出相应的评估指标。例如，高校网络思想政治教育各方面的基本要素、基本要求和基本规范等都可以提取出相对应的评估指标。第二，结合高校网络思想政治教育的评估实践方面。指标设计者从高校网络思想政治教育评估的实践中，可以归纳、总结出对特定价值方向判断的倾向。这种倾向如果同时符合社会价值和社会需要，指标设计者就可以从这种倾向中概括、

提取出相应的评估指标。第三，借鉴已有的高校网络思想政治教育评估的相关研究。已有的评估指标研究相对丰富，在一定程度上直接提供了评估指标、理论依据和实践分析。指标设计者在形成所需的高校网络思想政治教育评估指标体系时可以进行适当借鉴，并根据实际情况进行修改。在上述基础上，高校网络思想政治教育评估指标设计者就可以设计出符合评估目标的各层级指标和结构，形成初步的评估指标和评估体系。但这并不意味着高校网络思想政治教育评估指标体系设计的完成。在初步形成的指标体系中，必须有每项指标的重要程度作为具体参数，从而为不同指标权重的确定提供依据。

专家咨询就是针对指标设计的具体问题，对相关领域的专家进行有目的性的访谈和咨询，征求专家意见。指标设计者可以利用德尔菲法对相关意见进行筛选、提炼、修改并最终确定指标，形成完整的指标体系。这里不详细介绍德尔菲法，仅就具体操作进行说明。在初步形成评估指标体系的基础上，指标设计者采用德尔菲法进行指标设计的步骤是：第一，对相关问题进行分类整理，并对相关领域的专家进行筛选，同时设计用于专家咨询的、针对指标体系设计的问卷。第二，就形成的指标体系初稿向所选定的专家进行首轮问卷征询。第三，根据问卷征询的结果，对指标体系进行首次修改，而后形成指标体系设计的第二个版本，并针对修改后的第二个版本设计用于第二轮专家咨询的问卷。第四，将第一轮咨询结果、修改后的指标体系以及第二版问卷反馈给相关专家，进行第二轮征询。第五，根据咨询结果，再次优化、修改指标体系，形成第三个版本的指标体系，并设计用于第三轮专家咨询的问卷。第六，将第二轮咨询结果、修改后的指标体系以及第三版问卷反馈给相关专家，进行第三轮征询。第七，根据咨询结果，进一步完善和修改指标体系，形成第四个版本的指标体系。一般来说，经过三轮的专家征询后，第四个版本的指标体系在科学性、实用性和可操作性方面都达到了较高水平。但也不能简单地把形成的第四个版本作为最终的确定性版本。最终使用的确定性指标体系还需要进行详尽的测试、评估、修订和完善，通过最终的评估实验后，才能形成最终使用的指标体系。

（三）编制评估指标体系

编制评估指标体系可以通过图表的形式来呈现，但并不是简单地对评估指标进行罗列，而是编制出具有完善的、系统的评估指标表格。这也是发放给评估人员和进行专家咨询的重要工具。为了编制科学合理的评估指标体系表格，指标设计者需要对所形成的指标体系进行详细的分析，确定各指标与其集合的内容，对部分重要指标进行分类说明。一般来说，指标体系由图表呈现，首先是一个逻辑树，简要呈现指标体系构成和层级关系；然后是各分类指标的指标集合，同一类指标的集合可以构成一个表格，表格中概括了这个类别集合中的末级指标。

（四）权重的确定

权重是表示特定指标在整体评估系统中相对重要程度的参数，它体现了各项指标对系统总体、指标对分类目标以及指标之间相互关系的重要程度。在社会科学的研究中，权重的确定方法很多，主要运用德尔菲法、层次分析法和主观经验法。这三种方法具有各自的适应场景和优缺点。那么，如何确定各个指标的权重参数？确定权重的依据是什么？在对指标体系初稿的设计咨询中，指标设计者综合搜集到的咨询专家对每一项指标重要程度的参数意见，一定程度上就是权重确定的权威依据。指标设计者在这些反馈意见和参数的基础上，运用一定的数理统计方法进行分析，确定各项指标的权重。一部分研究评估方法的学者认为，通过咨询专家的方式，在指标体系草案的设计中，专家个人的知识结构与实践经验存在差异，必然会对某一部分指标存在偏重，导致所提供的参数不够客观，具有一定的专家个人意愿，有可能导致评估目标的偏移。本书认为，在经过多位专家综合意见和先后多轮反馈的修改中，无论是个人因素导致的偏差还是所处时间、环境不同造成的目标偏差，已经减小到较小程度，整体偏差属于可以接受的范围。在专家咨询过程中的多次反馈都是将全体专家的修改意见由指标设计者通过匿名方式反馈给每一位专家，所咨询专家参照众多专家的意见，一般会做出客观、科学的判断。

1. 根据评估的类型与评估对象的特性，选择评估方法

评估方法的选择、确定一般是由评估操作人员根据评估的类型与评估对象的特性来进行，这一步骤需要遵循定性与定量有机结合的原则。评估

方法的选择涉及后续计算机评估软件的操作，对高校思想政治教育评估的整体实施具有十分重要的意义。评估方法选择错误，必然会导致相关评估软件和方法的重新操作，造成极大的人力、物力和成本损失。因此，对评估方法的选择需要慎重。具体的评估方法包括定性方法和定量方法，不同的方法所采取的步骤也不尽相同。

2. 编制评估软件，完成软件调试

指标设计者根据改进和完善后的指标体系进行计算机软件设计，并在此基础上完成软件的编制与调试。软件的编制要注重操作的简易性和可操作性，要设计成面向尽可能多对象的简单、易用的可调试型软件。也就是说，在评估方法确定的情况下，如果出现评估目标变化的情况导致评估指标有所变动，软件只需要改动程序中相应的简单参数即可，而不需要重新设计整个软件。

3. 评估指标体系的测试实验及软件程序的验收

这一阶段的主要任务是检查以上各步骤指标体系设计的科学性和可行性。指标设计者应尽量编写几套评估数据进行简要测试，这些数据要能代表评估中可能出现的极端情况与一般情况。指标设计者通过模拟评估发现问题，对发现的问题及步骤进行分析，并返回该步骤对指标体系进行进一步修正。修正之后指标设计者按正常步骤重新进行完整测试，直至所编写数据完全通过实验。

4. 完善评估指标体系

指标设计者对评估指标体系进行最后的完善，将前述步骤所形成的评估指标体系和测试的评估结果进行整理，形成一套完整、清晰的高校网络思想政治教育评估指标体系设计和测试报告，报送高校网络思想政治教育评估决策工作小组。至此，高校网络思想政治教育评估指标体系的设计基本完成。

五、高校网络思想政治教育评估的实施程序与保障措施

（一）高校网络思想政治教育评估的实施程序

高校网络思想政治教育评估的具体实施程序包括四个阶段：准备阶段、操作阶段、结果编制阶段以及结果应用反馈阶段。

1. 高校网络思想政治教育评估准备阶段

高校网络思想政治教育评估准备阶段是开展高校网络思想政治教育评估的基础保障。具体来说，该阶段有四个方面的工作：一是构建高校网络思想政治教育评估组织体系，并进行人员配置。准备阶段的首要任务就是选拔人员组建评估工作领导决策机构，确定决策层和工作人员，由此才能开展千条万线的其他工作。二是确定高校网络思想政治教育评估的目标，制订评估方案、计划。在组织机构成立后，首要任务是确定零级指标，明确评估主要目标和次要目标，并进行评估方案和评估工作计划的制订。评估方案形成报告后，务必让所有评估人员了解全过程和工作计划。三是设计高校网络思想政治教育评估指标体系，明确评估规则。四是开展高校网络思想政治教育评估的宣传引导，可以通过动员会、专题讲座等形式，提高评估工作者和被评估对象对高校网络思想政治教育评估的必要性和重要性的认识，同时普及评估理论、方法、技术等，让工作人员深入了解实施流程和注意事项。至此，高校网络思想政治教育评估的准备工作基本就绪。

2. 高校网络思想政治教育评估操作阶段

高校网络思想政治教育评估操作阶段实质上是信息收集、整理、分析的过程。这一阶段的工作主要是运用现代高效评估方法和技术，收集整理评估信息，并采取定性和定量相结合的方法对评估客体做出判断。这一阶段包括以下几个程序：一是收集高校网络思想政治教育评估的信息和资料。二是整理评估信息和资料，主要任务是按照评估指标体系的隶属关系，对杂乱无序的评估信息和资料进行分类汇总并进行简单的数据处理，将结果填入相应表格，完成数据整理。三是根据评估资料信息进行具体指标打分，将设计完成的指标体系完整表格文件和收集到的评估信息一并寄给专家，进行评估打分。四是统计各项指标的得分结果。五是运用评估软件进行具体分析，主要由工作人员运用软件得出最后的量化评估结果。至此，操作阶段的任务基本完成。

3. 高校网络思想政治教育评估结果编制阶段

在对评估信息进行定量分析后，这一阶段就要做出评估结果编制。这一阶段一般包括两个方面：一方面是对评估对象，也就是评估客体的各种结论性意见；另一方面是关于评估方案实施情况的总结性意见。具体来说，这一阶段包括以下几个步骤：审核评估质量，编写评估报告；向有关部门反馈评估报告并公布评估结果；完成文件归档。至此，结果编制阶段任务完成。

4. 高校网络思想政治教育评估结果应用反馈阶段

高校网络思想政治教育评估的主要目的就是改进和优化网络思想政治教育工作，使之在高校开展网络思想政治教育过程中发挥更大、更有效的作用。因此，我们可以根据评估结果分析当前高校网络思想政治教育在资源配置、人才队伍、教育环境、教育目的等方面存在的问题。结果应用反馈表现在以下三个方面：第一，鉴定机制，即主要是对工作效果和渠道作用发挥情况的评价鉴定。第二，决策机制，即主要是通过评估结果发现高校网络思想政治教育在组织领导和制度、人才等条件支持中存在的优势和不足，从而为今后开展工作做出正确的决策（包括组织导向机制和条件建设机制）。第三，建设机制，即主要是通过评估结果发现高校网络思想政治教育在人文关怀中取得的成绩和存在的不足，考量网络思想政治教育是否与新时代大学生相契合，有没有做到守正创新。

（二）高校网络思想政治教育评估的实施保障

高校网络思想政治教育评估仅有党和国家层面的政策指引是远远不够的，具体落地实施还需要一系列的保障措施，才能真正做到原则性与具体性的统一，才能发挥宏观政策的指导作用。

1. 加强高校网络思想政治教育人才队伍建设

受过良好教育的、高素质的人才是实现网络思想政治教育评估方案科学制订、有效执行和客观评估的基础。事实上，受过良好教育的、高素质的人才能够更加准确、全面地把握思想政治教育评估的理论精神和实践方法。因此，思想政治教育的专业化人才队伍是保障网络思想政治教育评估目标实现的关键点。2004 年，中共中央、国务院印发的《关于进一步加强和改进大学生思想政治教育的意见》指出：“大力加强大学生思想政治教育工作队伍建设。”如果说网络思想政治教育目标实现的关键在于网络思想政治教育队伍的有效推进，那么高校网络思想政治教育评估有效执行的关键则在于高素质人力资源的保障。网络思想政治教育不同于传统教育，它的特殊性决定了网络思想政治教育工作者要有敏锐的政治意识、较强的专业素养，并能对网络中思想政治教育方向和趋势做出前瞻性分析等，善于借助网络技术与平台并结合自身专业、学生特征从不同方向和角度发挥网络思想政治教育优势，实现高效精准教育引导。只有高素质思想政治教育人才队伍参与到网络思想政治教育评估中，才能有效保障网络思想政治教育评估工作的开展。

2. 加强高校网络思想政治教育评估的物质资源保障

物质资源的供给是保障高校网络思想政治教育评估得以有效实现的重要因素。在网络思想政治教育评估政策执行中，评估活动的开展必然需要物质资源的供给来保障。正如马克思和恩格斯曾指出的："思想、观念、意识的生产最初是直接与人们的物质活动，与人们的物质交往，与现实生活的语言交织在一起的。"经济基础决定上层建筑，物质资源对网络思想政治教育评估活动的开展提供了基础的现实条件。同时，物质资源间接影响着思想政治教育的宏观政策。资源的供给在一定程度上反映了经济发展的水平，也反映了生产力发展的水平。生产力发展的要求对网络思想政治教育的效果提出了要求，进而对网络思想政治教育评估的结果提出了要求。因此，依据思想政治教育政策以及在此思想政治教育政策指导下开展的网络思想政治教育评估活动，均须以生产力的发展为基础，实事求是地按照物质发展的客观规律，进而准确把握思想政治教育规律和人民思想品德形成发展的规律。只有物质发展规律和思想发展规律之间实现辩证统一，才能使社会的发展和人的发展相互协调、相互促进。

3. 加强高校网络思想政治教育评估的信息技术保障

由于高校网络思想政治教育系统化的特点，信息在系统内外的传递对系统的发展至关重要。高校网络思想政治教育以及对网络思想政治教育评估的整个过程都要依托于信息的保障。高校网络思想政治教育评估工作的开展必须依据及时、客观、有效的信息。高校网络思想政治教育自上而下的指导模式，决定了评估工作领导决策机构掌握正确的信息对高校网络思想政治教育评估工作科学布置、实施的重要性。只有掌握了正确的、真实的、有效的信息，评估工作的开展才能有的放矢。同时，在高校网络思想政治教育评估工作的具体实施和执行中，正确信息的沟通、传递和反馈对评估工作的有效开展，具有十分重大的意义。此外，在评估工作中，正确、精准的指标体系的构建和指标权重的确定也依赖于准确、有效的信息。由此，信息保障在高校网络思想政治教育评估中的重要性不言而喻。

在高校网络思想政治教育评估的理论和实践中，我们必须对评估的有关问题全面、科学地加以把握，而全面、科学地把握的关键在于构建并完善及时的信息获取渠道、准确的信息甄别渠道、科学的信息运用手段等。多维度、多类别的网络思想政治教育评估信息为高校网络思想政治教育的发展提供了信息支持。同时，高速发展的信息技术也对思想政治教育政策和思想政治教育政策指导下的高校网络思想政治教育评估工作提出了新的要求。

在高校网络思想政治教育评估的理论和实践中，我们必须科学地把握信息、正确地认识和应用信息，不断推动高校网络思想政治教育评估工作的有效开展和高校网络思想政治教育实践的科学发展。事实上，现代科学技术的迅猛发展，尤其是信息技术、网络技术的飞速发展，已经促进高校网络思想政治教育评估工作的同步发展。一是信息技术的发展拓宽了高校网络思想政治教育目标的信息接收渠道，使得高校网络思想政治教育目标的思想获得了多元化发展，进而使得高校网络思想政治教育评估的维度产生了变化。二是信息渠道的发展丰富了高校网络思想政治教育评估的技术手段，在文献整理、问卷发放、信息收集等方面提供了高效的方式和多样的方法。三是互联网的发展使网络成为高校思想政治教育的重要阵地。高校网络思想政治教育评估的内容也随着网络阵地的不断建设发生了变化。总而言之，高校网络思想政治教育评估需要充分考虑网络技术的影响和现代信息技术的应用，通过高效的信息技术来保障思想政治教育评估工作的科学执行。

参考文献

鲍中义，2022. 高校网络思想政治教育的发展历程、原则与进路［J］. 学校党建与思想教育（3）：77–80.

曹泽林，2006. 国家文化安全论［M］. 北京：军事科学出版社：170.

陈万柏，2003. 思想政治教育载体论［M］. 武汉：湖北人民出版社：147.

崔海英，2015. 大学生网络话语的特点及转化与引导策略［J］. 思想理论教育，（11）：80–84.

邓国峰，高安安，2022. 技术逻辑与价值定位：算法时代网络思想政治教育新展望［J］. 思想教育研究（2）：30–34.

黄楠森，2000. 人学原理［M］. 南宁：广西人民出版社：245.

李德顺，2007. 价值论［M］. 北京：中国人民大学出版社：41，43.

李玲，2021. 论大数据时代高校网络思想政治教育创新［J］. 学校党建与思想教育（19）：33–35.

列宁，1995. 列宁选集：第1卷［M］. 北京：人民出版社：327.

刘建军，2016. 思想政治教育话语转换的三重基础［J］. 思想政治教育研究（5）：120–123.

刘梅，2000. 思想政治教育的现代方式：论网络思想政治教育建设［J］. 河南师范大学学报（哲学社会科学版）（2）：103–106.

刘永志，2017. 西方意识形态网络渗透新态势及我国对策研究［J］. 马克思主义研究（12）：96-105.

马克·斯米克莱斯，2013. 视不可挡：信息图与可视化传播［M］. 项婷婷，张东宁，译. 北京：人民邮电出版社：7.

马克思，恩格斯，2017. 马克思恩格斯全集：第42卷［M］. 北京：人民出版社：123.

斯宾塞，2005. 斯宾塞教育论著选［M］. 胡毅，王承旭，译. 北京：人民教育出版社：31.

宋元林，2012. 网络思想政治教育［M］. 北京：人民出版社：127-128.

苏令银，2012. 主体间性思想政治教育研究［M］. 上海：上海三联书店：55-59.

孙翠茹，2018. 高校思想政治教育网络载体研究［D］. 沈阳：辽宁大学：122.

王明春，2008. 思想政治教育话语场域的价值重构［J］. 内蒙古师范大学学报（教育科学版）（4）：42-44.

王鑫，乜勇，2021. 高校网络思想政治教育载体评价量表的开发与检验［J］. 数字教育（6）：46-51.

王学俭，2008. 现代思想政治教育前沿问题研究［M］. 北京：人民出版社：22.

徐建军，2010. 大学生网络思想政治教育理论与方法［M］. 北京：人民出版社：31.

张彦，2006. 思想政治教育主体性研究［M］. 广州：广东人民出版社：11-12.

张耀灿，陈万柏，2000. 思想政治教育学原理［M］. 北京：高等教育出版社：4.

张瑜，2016. 思想政治教育视域下大学生社交网络的特性研究［J］. 学校党建与思想教育（19）：14-17.

张再兴，2009. 网络思想政治教育研究［M］. 北京：经济科学出版社：198-201.

中国大百科全书总编辑委员会《教育》编辑委员会，中国大百科全书出版社编辑部，1985. 中国大百科全书：教育卷［M］. 北京：中国大百科全书出版社：59.

周琪，2016. 论社会主义核心价值观的图像化构建［J］. 社会主义核心价值观研究（4）：35-40.

后记

这本奉献给广大读者的《高校网络思想政治教育创新研究》，既是重庆工商大学马克思主义学院思想政治理论课建设费和重庆工商大学习近平新时代中国特色社会主义思想研究院联合资助出版的专题研究成果，也是重庆市教育委员会人文社会科学研究项目“党史教育融入大学生思想政治教育的实践探究”（项目编号：22SKDJ014）、“新时代大学生劳动教育的当代价值与实现路径”（项目编号：24SKZ307）、重庆市社会科学规划调研项目“新时代大学生文化自信培育研究”（项目编号：2018DY13）、重庆市社会科学规划项目“伟大建党精神在高校培育时代新人中的应用研究”（项目编号：2022PY07）、重庆工商大学学习贯彻党的十九届六中全会精神2022年专题研究重点项目“中国共产党百年治财理税基本经验与现实启示研究”（项目编号：ctbulzqh02）的阶段性研究成果。

本书立足新时代，梳理了高校网络思想政治教育的发展历程，探讨了高校网络思想政治教育的主体与客体、内容、方法、载体，并归纳出高校网络思想政治教育工作机制，提出高校网络思想政治教育是现代高校思想政治教育必须研究的新课题。本书力图从多方面对高校网络思想政治教育及其路径的相关研究进行梳理、分析，借此形成对高校网络思想政治教育较为全面、系统的认知，为高校网络思想政治教育研究贡献一份力量。在本书的写作过程中，笔者以理性的态度审视实践经验、收集并整理相关资料、虚心吸纳各方面意见和建议，通过持续深入的探讨，反复斟酌，最终完成本书的写作。

本书具体写作分工如下：谢书楠撰写第四章、第六章，罗海蓉撰写第二章、第三章，湛欢撰写第一章，李汶静撰写第五章，邓丽撰写第七章。谢书楠、叶红梅对全书进行了修改并统稿。

在本书的撰写过程中，我们参考并借鉴了诸多专家学者的研究成果，得到了重庆工商大学原党委书记周希贤教授、重庆工商大学马克思主义学院党委书记宋明江教授、重庆工商大学党委宣传部部长杨维东教授的精心指导。同时，本书得到了重庆工商大学党政领导、重庆工商大学马克思主义学院及相关职能部门的大力支持，在此一并表示由衷的感谢！

谢书楠

2024 年 8 月